David Staal

# *Wie Kinder glauben lernen*

So machen Sie Ihr Kind
mit Jesus vertraut

Über den Autor

*David Staal* ist der Leiter von *Promiseland*, der Arbeit mit Kindern in der *Willow Creek Community Church.* Darüber hinaus verfasst er Artikel für den Bereich „Today's Children's Ministry" auf der Website von *Christianity Today International.*
Auch sein erstes Buch ist bereits auf Deutsch erschienen: „Die schönste Stunde der Woche" (mit Sue Miller).

David Staal

# *Wie Kinder glauben lernen*

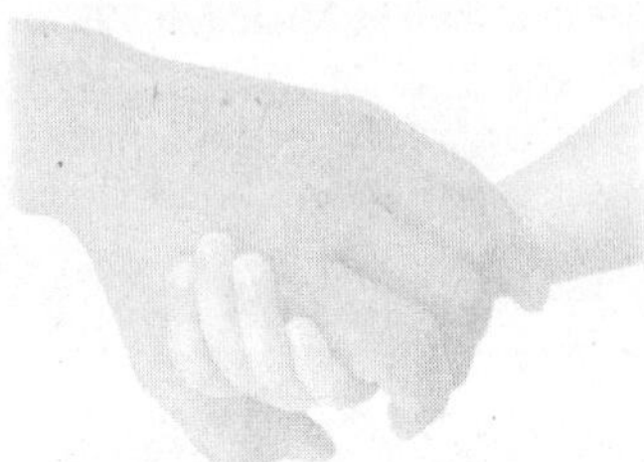

So machen Sie Ihr Kind mit Jesus vertraut

WILLOW
Willow Creek • Deutschland

Gerth Medien

Titel der Originalausgabe:
*Leading Your Child to Christ*

Published by Zondervan Publishing House,
Grand Rapids, Michigan 49530


Bestell-Nr. 816 134
1. Auflage 2007
ISBN 978-3-86591-134-6



Übersetzerin: Marianne Magnus
Umschlaggestaltung: Michael Wenserit
Umschlagfoto: getty images/Steve Cole
Satz: Die Feder GmbH, Wetzlar
Druck und Verarbeitung: GGP Media GmbH, Pößneck

*Für Scott und Erin –*

*eure Beziehung zu Jesus hat mich inspiriert, dieses Buch zu schreiben!*

# Inhalt

# *Inhalt*

# *Vorwort*

von Bill Hybels

Seit ich Pastor der *Willow Creek Community Church* bin, stellt das Verfassen meiner Predigten für mich eine eher mühselige Aufgabe dar. Immer wieder muss ich erste Predigtentwürfe verwerfen und nochmals von vorne anfangen. Wenn ich unzählige Stunden mühsamer Vorbereitung und zahlreiche neue Niederschriften hinter mir habe, habe ich dennoch oft das Gefühl, dass ich den einen oder anderen Punkt hätte hier und da doch noch eine Nuance besser formulieren können. Ja, manchmal habe ich sogar den Eindruck, dass Predigten, die ich bereits gehalten habe, am eigentlichen Punkt vorbeigingen. Doch noch schwieriger als diese Aufgabe, meinen Gemeindemitgliedern den Weg zu einem Leben mit Gott zu erklären, war die Frage, wie ich den Glauben an Jesus meinen eigenen kleinen Kindern Shauna und Todd näherbringen konnte. Wie konnte ich so wichtige Gespräche am besten angehen? Also, da war mir die tägliche Predigtvorbereitung für 15.000 Erwachsene doch noch lieber!

Ich danke Gott dafür, dass meine Kinder (die heute erwachsen sind) Gott lieben, an seiner Gemeinde hängen und verstehen, was Gnade bedeutet. Offenbar waren meine stümperhaften Versuche gar nicht so schlecht – oder vielleicht, was noch viel entscheidender war, hat eine Armada von freiwilligen Helfern bei *Promiseland* hierbei einen treuen Dienst geleistet, indem sie ihnen und Tausenden anderen Kids Gottes beständige und beharrliche Liebe erklärt und vorgelebt haben.

Wenn es darum geht, im Alltag über Gott zu reden, dann empfinden Eltern überall auf dieser Welt die gleiche Verantwortung, ihren Kindern von unserem Retter und seiner unglaublichen Liebe zu uns zu erzählen. Aber spätestens jetzt müssen wir uns nicht länger alleingelassen fühlen oder meinen, dass wir nicht ausreichend ausgerüstet seien, um dieses Unternehmen anzugehen. David Staal hat uns allen einen wertvollen Dienst erwiesen, indem er dieses Buch, das Sie gerade in der Hand halten, geschrieben hat. Er hat viel Witz und Weisheit hineingepackt und will uns dabei helfen, Gottes lebensverändernde Botschaft in einer Sprache zu erklären, die Kinder aller Altersgruppen verstehen können.

Ich hoffe, dass „Ich erzähl dir von Jesus" möglichst vielen Eltern dabei hilft, mit ihren Kindern über Jesus zu reden. Dies wird Familien stärken, Gemeinden wachsen lassen, und Gott wird es ebenfalls gefallen. Eine neue Generation von Jesus-Nachfolgern wird dann auf dem Plan erscheinen – die bereit ist, dieser Gesellschaft ihren Stempel aufzudrücken. Aber zunächst einmal brauchen diese Kinder Eltern, die ihnen klar und altersgerecht Gottes zeitlose Wahrheit und grenzenlose Liebe erklären.

Wenn Sie dieses Buch gelesen haben, werden Sie besser darauf vorbereitet sein, diese wichtigen Gespräche mit Ihren Kindern zu führen. Seien Sie gespannt und beobachten Sie, was Gott allein in der Lage ist zu tun: ein menschliches Herz umzugestalten.

Bill Hybels
Leitender Pastor
*Willow Creek Community Church*

# Danksagung

Becky – Ich danke dir für deine Liebe, deine Unterstützung, deine Ideen und dafür, dass du mir so viel Zeit zum Schreiben gelassen hast.

Erin und Scott – Für eure Liebe und Aufmunterung und alles, was ihr zu diesem Buch beigesteuert habt.

Judy Keene – Ich danke dir für deine Freundschaft und für deinen Sachverstand. Du hast mir dabei geholfen, dass jedes Wort „sitzt" – und wo es das nicht tat, hast du es korrigiert. Danke!

Teri Lange – Ich danke dir für deine Recherchen und deine tägliche Unterstützung. Es motiviert mich sehr, dass ich meinen Dienst zusammen mit dir versehen darf.

Pat Cimo – Vielen Dank dafür, dass du unzählige Stunden damit verbracht hast, Entwürfe durchzusehen, und dafür, dass wir einige großartige Jahre zusammen in der Gemeinde dienen durften.

Sue Miller – Ich danke dir dafür, dass du fest genug an mich geglaubt und mich eingeladen hast, mit dir gemeinsam in *Promiseland* zu arbeiten – und dass du mir deine Freundschaft angeboten hast.

Bill Hybels – Danke, dass du eine Gemeinde aufgebaut hast, die einem Typen wie mir die Gelegenheit gibt, meine Energien und Talente einzusetzen. (Na ja, über die Sache mit den Talenten muss eine Jury erst noch befinden.)

Tammy Burke – Danke für deine Hilfe und dass du mich

immer wieder daran erinnert hast, dass ich doch nicht durchgeknallt bin.

Paul Engle und Dawn Anderson – Danke für eure Weisheit, Korrekturen, euer Coaching und Vertrauen.

Dem Team von *Starbucks* – Dankeschön, was hätte ich ohne euren Kaffee getan?

Den Programmgestaltern von *Promiseland* – Danke für eure kreative Unterstützung bei den Formulierungen.

Kristen Aikman – Danke, dass du mir dabei geholfen hast, einen Seminarvortrag zu verfassen, der inzwischen größere Dimensionen angenommen und zu einem ganzen Buch herangewachsen ist.

Garry Poole – Herzlichen Dank für deine aufrichtige Freundschaft, für die Zusammenarbeit in der Gemeinde und dafür, dass du die Worte gesagt hast, die ich hören musste, um meinen Weg mit Christus zu beginnen.

Becky – Ja, du sollst ein doppeltes Dankeschön bekommen, weil meine Liebe für dich größer ist, als ein Dankeswort es jemals auszudrücken vermag. Dein dich liebender Mann.

*Einführung*

# *In Sekundenschnelle eine Antwort parat haben*

„Es ist so weit. Los geht's!"

90 Sekunden, bevor ich diese Worte sagte, hatte mir eine Hebamme noch am Telefon gesagt, dass meine Frau Becky wahrscheinlich nur Vorwehen, sogenannte „falsche Wehen", hätte. Nun bin ich zwar kein Arzt, aber ich hatte den starken Verdacht, dass die Symptome meiner Frau darauf hindeuteten, dass es doch die richtigen Geburtswehen waren. Stechende Schmerzen überfielen sie in Abständen von weniger als zwei Minuten. Ich folgerte: Wir können nicht länger warten. „Falsch" war also falsch. Es war allerhöchste Zeit zu handeln!

Also sprangen wir ins Auto (das heißt, ich sprang, meine Frau watschelte) und traten die etwa 25 Kilometer weite Strecke zum Krankenhaus an. Als wir aus unserer Garage herausfuhren, setzte erneut eine schmerzhafte Kontraktion ein. Getreu der im Geburtsvorbereitungskurs gelernten Lektion röchelte ich: „Fffff-ffff, ffff-ffff" – und versuchte so, meiner Frau beim rhythmischen Atmen zur Seite zu stehen. In einem ungewöhnlich tiefen und beängstigenden Ton stöhnte sie mir jedoch entgegen: „Fahr einfach, so schnell du kannst!" Ich hörte auf zu reden und drückte auf die Tube.

Zu allem Überfluss stießen wir nach drei Kilometern auf einen Unfall, der sich kurz zuvor ereignet hatte und hinter dem schon eine lange Autoschlange wartete. Doch aussichtslose Situationen verlangen nach waghalsigen Maßnahmen. Also riss ich das Lenkrad herum, fuhr auf die Gegenfahrbahn und raste – unter dröhnendem Gehupe und auf- und abblendendem Scheinwerferlicht – auf den Polizeibeamten zu, der gerade dabei war, den Verkehr umzuleiten. Aus irgendeinem unerfindlichen Grund fielen wir ihm sofort auf und er rannte auf uns zu. Ich begann, die Hoffnung zu hegen, dass er mich verhaften und meine Frau im Streifenwagen zum Krankenhaus fahren würde. Als ich unseren Fall kurz schilderte, setzte die nächste Wehe ein, und Becky ließ einen herzzerreißenden Schrei los, der den Polizeihund in einem in der Nähe stehenden *Cruiser* zum Wimmern brachte.

„Fahren Sie zu!“, befahl der Polizist, und unsere Odyssee ging weiter.

Nachdem wir in einer rasenden Geschwindigkeit (die ich an dieser Stelle lieber nicht näher ausführen möchte) davongebraust waren, erreichten wir schließlich auf den letzten Drücker das Krankenhaus. Sieben Minuten später erblickte unsere Tochter Erin das Licht der Welt. Sie können sich gar nicht vorstellen, wie froh ich war, dass wir sofort gehandelt und nicht noch länger gewartet hatten – um meiner Frau, meiner neugeborenen Tochter und eines Vaters willen, der total unvorbereitet in dieses Geburtsabenteuer hineingeschlittert war.

Aber es gibt noch eine andere Art von „Geburt“, bei der man auch Eltern braucht, die blitzschnell zu entscheiden haben, ob sie aktiv werden sollen oder nicht. Der renommierte christliche Meinungsforscher George Barna (Ventura, Kalifornien) führte Umfragen durch, um herauszufinden, wie hoch die Wahrscheinlichkeit in unterschiedlichen Altersgruppen ist, dass Menschen zum Glauben an Jesus

Christus kommen – das heißt, eine geistliche Geburt erleben. Das Ergebnis der Befragungen zeigte, dass im Gegensatz zu Teenagern (4 Prozent) und Erwachsenen im Alter von 19 Jahren und älter (6 Prozent) vor allem Kinder im Alter zwischen fünf und zwölf Jahren (32 Prozent) zu Jesus finden. Barnas Schlussfolgerung: „Wenn Menschen nicht vor ihren Teenager-Jahren zum Glauben an Jesus Christus kommen, ist die Wahrscheinlichkeit, dass sie es überhaupt tun werden, äußerst gering."[1]

Mit anderen Worten: Wir dürfen nicht damit warten, Kindern von Jesus zu erzählen. Stattdessen müssen wir sofort aktiv werden.

Damit Ihnen die folgenden sechs Kapitel möglichst viel bringen, sollten wir an dieser Stelle mit einer simplen und doch so wichtigen geistlichen Wahrheit beginnen: Kinder *können* in eine Beziehung zu Jesus Christus treten.

Die Bibel lehnt jeglichen Skeptizismus hinsichtlich der Gültigkeit und Ernsthaftigkeit des Glaubens eines Kindes ab. Betrachten wir einfach einmal Apostelgeschichte 2, Vers 39, in dem Petrus mit den Worten zitiert wird: „Denn was Gott versprochen hat, ist für euch und eure *Kinder* bestimmt und für alle, die jetzt noch fern sind und die der Herr, unser Gott, hinzurufen wird" (Hervorhebung durch den Autor).

Das griechische Wort, das in diesem Vers benutzt wird (*teknom*), bedeutet wörtlich „Kind" – so wie das bei einem Sohn oder einer Tochter der Fall ist.[2] Das Versprechen, von dem Petrus spricht, ist die Errettung, und sie steht mit Sicherheit auch Kindern offen. In seinem Brief an die Römer verweist Paulus auf den Kontext der Errettung: „Denn wenn du mit deinem Mund bekennst: ‚Jesus ist der Herr!', und wenn du von ganzem Herzen glaubst, dass Gott ihn von den Toten auferweckt hat, dann wirst du gerettet werden" (Römer 10,9; HFA). In diesem Vers kommt die umfassende Natur von Gottes rettender Gnade zum Ausdruck. Und diese geht von keinem Mindestalter aus.

Natürlich sind die Fähigkeit, diese Verheißung zu verstehen, und der Zeitpunkt, zu dem das passiert, von Mensch zu Mensch verschieden – ob es sich um ein Kind oder einen Erwachsenen handelt. Dr. James Dobson, der Leiter von *Focus on the Family*, gibt beispielsweise an, dass er seine Entscheidung bereits im Alter von drei Jahren getroffen hat.[3] Joe Stowell, der frühere Präsident des *Moody Bible Institute*, kam mit sechs Jahren zum Glauben an Jesus Christus.[4] Und der bekannte Evangelist Billy Graham traf seine Entscheidung für Christus ebenso.[5] Auch wenn ich nur ungern meinen Namen im gleichen Abschnitt wie dem der eben genannten Persönlichkeiten nenne, so habe ich doch mein Leben Jesus im Alter von 29 Jahren anvertraut (auch wenn ich tief in mir drin noch ein Kind war!).

Wo wir nun die Gewissheit haben, dass aus der Bibel tatsächlich hervorgeht, dass auch Kinder in eine authentische Beziehung zu Jesus Christus treten *können* – gestützt durch die zahlreichen Beispiele, die belegen, dass Kinder in der Tat ihr Leben bereits in jungen Jahren Jesus anvertrauen –, bleibt noch eine Frage offen: die Frage nach dem *Wie*! Gute Frage! Denn vielleicht sind gerade *Sie* die Antwort!

C. S. Lewis sagte einmal: „Es liegt nicht an der Natur der jüngeren Generation an sich, dass sie unfähig wäre, das Christsein für sich persönlich anzunehmen. Wenn jemand bereit ist, es ihr weiterzugeben, ist sie offensichtlich bereit, es zu hören.“[6] Sie werden Ihren Kindern einen guten Dienst erweisen, wenn Sie darauf vorbereitet sind, das auch zu tun.

Um es noch einmal deutlich zu sagen: In „Ich erzähl dir von Jesus“ geht es darum, Eltern wie Sie und mich darauf vorzubereiten, unseren Söhnen und Töchtern einen Start ins Glaubensleben zu ermöglichen, indem sie Jesus als ihren Herrn und Erretter annehmen. Insbesondere möchte ich Ihnen dabei helfen, sich bestimmte grundlegende Fähigkeiten anzueignen, damit Sie mit Ihrem Kind ein Gespräch über wichtige geistliche Themen führen können, und zwar in einer Sprache, die es verstehen kann. Ich halte dieses Thema für sehr wichtig, denn gerade in der Familie bieten sich uns unvorhergesehene und fantastische Möglichkeiten für derartige Eltern-Kind-Gespräche. Und diese Gelegenheiten eröffnen sich hier noch häufiger als in der Gemeinde.

Reggie Joiner, der Leiter der Familienarbeit in der *North Point Church* in Atlanta, hat dies tatsächlich einmal durchgerechnet. „Die durchschnittliche Gemeinde verbringt etwa 40 Stunden pro Jahr mit den Kindern", gibt er an. „Eltern stehen jedoch in demselben Jahr 3.000 Stunden zur Verfügung. Niemand besitzt also mehr Potenzial, die Beziehung eines Kindes zu Gott positiv zu beeinflussen, als die Eltern."[7]

Abgesehen von der rein zeitlichen Quantität besteht auch ein Unterschied in dem potenziellen Einfluss auf das Kind. So betont Joiner: „Der unbeholfenste Versuch eines Vaters, mit seinem Sohn oder seiner Tochter zu beten, ist tausendmal wichtiger als der wortgewandteste Gläubige, der nicht ihr Elternteil ist, jedoch vielleicht mit dem betreffenden Sohn oder der Tochter betet."[8] Können Sie sich angesichts dieser Aussage vorstellen, was es für Auswirkungen hätte, wenn Mutti und Vati sich damit beschäftigen würden, wie sie mit ihrem Kind altersgerecht über dieses Thema sprechen können? (Nun wissen Sie auch, worum es in diesem Buch geht.)

Gemeinsam wollen wir uns ansehen, wie und warum Sie die Geschichte, wie Sie zum Glauben kamen, erzählen können. Welche Schlüssel-Komponenten gilt es weiterzugeben, wenn Sie von Gottes Rettungsplan erzählen, und welches leicht zu merkende Gebet könnte am Beginn einer Beziehung mit Jesus gesprochen werden? Auf dem Weg dahin sprechen wir auch Kommunikationswerkzeuge und

-methoden an, die die Gespräche rund um das Thema „Glauben" für jedes Alter – das Ihre und das Ihres Kindes – fördern sollen. Jedes Kapitel schließt darüber hinaus mit einem Abschnitt ab, der mit „Kurz nachgedacht" überschrieben ist. Er soll Ihnen – womöglich mit Ihrem Ehepartner oder einer Kleingruppe – dabei helfen, sich dieses Handwerkzeug anzueignen und es gekonnt und sicher einzusetzen.

Diese ganze Vorbereitung könnte sich gründlich auszahlen. Sie tat es zumindest bei Beth, einer Mitarbeiterin aus unserer Gemeinde, als sie gerade mit dem Auto ihre Einkäufe erledigte.

*„Als ich einmal mit dem Auto unterwegs war, fragte mich meine vierjährige Tochter unvermittelt, was passierte, wenn ich sterben würde. Ich war ziemlich perplex, denn wir hatten uns gerade noch übers Wetter unterhalten und sprachen nun plötzlich über das Sterben und den Tod.*

*Maty, die ganz bekümmert war, meinte: ‚Mami, ich will nicht, dass du stirbst.'*

*Ich versuchte, sie zu beruhigen: ‚Maty', tröstete ich, ‚weißt du, ich habe vor langer Zeit die Entscheidung getroffen, dass Jesus für immer mein Freund sein soll. In der Bibel heißt es, wenn man Gott und Jesus lieb hat, kommt man, wenn man stirbt, in den Himmel. Deshalb habe ich auch gar keine Angst zu sterben, weil ich weiß, dass ich in den Himmel komme.'*

*In den nächsten paar Sekunden kam es mir wirklich so vor, als stünde die Zeit still. ‚Mami!', hakte sie nach – ganz aufgeregt, ‚ich hab Gott und Jesus auch ganz schrecklich lieb.'*

*‚Nun', sagte ich, ‚hast du ihn denn auch schon mal gebeten, dir zu vergeben, wenn du unartig warst und Dinge getan hast, die du eigentlich nicht tun solltest? Und für immer dein Freund zu sein?'*

*Leise antwortete sie: ‚Nein.'*

*Ich konnte es nicht fassen, wie Gott mich darauf vorbereitet hatte, die nächste Frage zu stellen. Ich hatte schon ein paar Mal an einer Schulung in der Gemeinde teilgenommen, die mich genau darauf vorbereitet hatte, was ich als Nächstes zu sagen hatte.*

*Ich schlängelte mich weiter durch den Verkehr und klammerte mich fest an das Lenkrad. Und so fragte ich sie: ‚Möchtest du jetzt beten?'*

*Maty antwortete: ‚Ja.' Wir fuhren an den Straßenrand und beteten ein Übergabe-Gebet. Ich war vor Dankbarkeit schier überwältigt. Meine eigene Tochter war die Erste, bei der ich jemals das Vorrecht hatte, dieses Gebet zu sprechen. Ich werde immer froh darüber sein, dass ich auf dieses Gespräch vorbereitet war. Gott hat mich gebraucht!"*

Ja, Beth befand sich in einer idealen Situation, die sich in dieser Form wohl nicht häufig ergibt. Und doch musste sie in Sekundenschnelle eine Antwort für Maty parat haben. Für einen solchen Fall sollten wir gerüstet sein! Beth hatte die richtigen Worte. Aber ich wette, dass viele von uns ungeachtet der Umstände eine Reihe von Selbstzweifel hätten: „Was ist, wenn ich etwas Falsches sage? Was ist, wenn mir eine schwierige Frage gestellt wird? Weiß ich überhaupt genug über die Bibel? Kann ich meinen Glauben in Worte fassen?" Es kann eine ganz schöne Herausforderung sein, die richtigen Worte zu finden, wenn man sich vorher noch nie darüber Gedanken gemacht hat. Aber das lässt sich ändern.

Als Eltern sollten wir uns darauf einstellen, unseren Glauben mit einfachen, persönlichen Worten erklären zu können. Wir sollten bereit sein, falls sich eine Unterhaltung im Auto oder vor dem Zubettgehen ergibt, die in diesem Augenblick eine echte Gelegenheit darstellt, zu ändern, wo unsere Kinder die Ewigkeit verbringen. Selbst wenn Sie sich ziemlich sicher fühlen, dass Sie solchen Gesprächen gewachsen sind, sollten Sie sich darum bemühen, diese kommunikativen Fertigkeiten weiter auszubauen. Seien Sie bereit, wenn Ihr Kind Sie braucht.

Meine Frau und ich wissen aus eigener Erfahrung, dass das Konzept, von dem Sie nun lesen werden, praxiserprobt ist und tatsächlich funktioniert. Wir werden niemals perfekte Eltern sein, aber wir haben erlebt, wie aufregend und spannend es sein kann, mit jedem unserer Kinder Gespräche über Jesus zu führen, die lebensverändernd sind. Wir wünschen Ihnen, dass Sie dieselbe Erfahrung machen. Aber das hängt auch etwas von Ihnen ab.

Jedes Kapitel im vorliegenden Buch beginnt mit einer Erfahrung aus dem echten Leben in echten Vergnügungsparks mit einer echten Familie – der unsrigen. Diese Beispielgeschichten sollen dazu dienen, Aspekte zu veranschaulichen, die Sie auf den Augenblick vorbereiten können, wenn Ihre Worte dabei mithelfen, Ihren Sohn/Ihre Tochter einen Schritt näher zu Jesus zu bringen.

Auch wenn Sie vielleicht von unseren Abenteuern im Vergnügungspark ganz angetan sein werden, wird das Lesen darüber nicht annähernd so spannend sein, wie es selbst zu erleben. Das Gleiche gilt für die Gelegenheit, bei der man ein Kind zu Jesus Christus führt. Wirklich begeistert werden Sie nämlich sein, wenn Sie es selbst erleben. Und der Weg dorthin beginnt möglicherweise in dem Augenblick, in dem Sie beschließen, dass Sie sich darauf vorbereiten wollen – und weiterblättern.

Es ist so weit. Los geht's!

## *Kapitel 1*

# *Gespräche mit Kids*

Nach Angabe des Wetterberichts sollte es ein schwüler, drückend heißer Tag werden – und die Wetterfrösche sollten Recht behalten! Auch wenn man im Mittleren Westen noch im Spätsommer im Pool baden kann, ist es nicht unbedingt der beste Zeitpunkt, um durch einen überfüllten Themenbereich eines Freizeitparks zu schlendern. Doch es hatte uns nun mal dorthin verschlagen. „Wir", das waren mein fünfjähriger Sohn Scott und meiner einer. Immer wieder hielten wir Ausschau nach einem schattigen Plätzchen und kippten uns wie die Weltmeister Limo hinter die Binde. Leider verging der Spaß schneller als die Eiswürfel in unseren Bechern.

Meine Laune stieg beträchtlich, als ich die Wasserbahn *Logger's Run* erspähte. Diese Attraktion war einfacher konzipiert als die meisten anderen. Man trieb bei dieser Fahrt gemächlich in einem Boot, das einem ausgehöhlten Baumstamm glich, auf einem flussähnlichen Kanal dahin, der zum Rand eines Wasserfalls führte. Dort folgte ein abrupter tiefer Fall, der – war man erst einmal in der Tiefe angekommen – einen kräftigen nassen Platscher verursachte. Die Aussicht auf eine mögliche Erfrischung durch das kühle Nass war mir die eine oder andere Schrecksekunde wert.

„Hey, Scott, wollen wir da mitfahren?“, schlug ich vor. „Dann könnten wir uns etwas abkühlen.“

„Klaro!“, erwiderte er.

Wir konnten uns auch bei der mehr als einstündigen Warterei in der Schlange im Schatten aufhalten und das Ganze schien mir doch eine gemächliche Fahrt zu werden. Schließlich waren wir an der Reihe und konnten unseren Fuß in ein Baumstammboot setzen. Scott und ich nahmen die beiden vorderen Plätze des viersitzigen Bootes ein. Ich sah keine Sicherheitsbügel und ging deshalb davon aus, dass der Sturz schon nicht sehr gefährlich werden würde. Zwei Mädchen im Teenager-Alter nahmen die hinteren Plätze ein und unser Törn begann.

Wir schlängelten einige Minuten den Kanal entlang. Dann pausierten wir einen kurzen Augenblick, bevor der große Sturz in die Tiefe anstand. Auch wenn die meisten Baumstämme am unteren Ende des Wasserfalls nur ein wenig unter die Wasseroberfläche eintauchten – unseres tat es nicht. Da Scott und ich ja die beiden vorderen Plätze einnahmen, war das Baumstammboot stark vorderlastig. Na ja – wollen wir mal ehrlich sein –, das Ungleichgewicht kam eher durch mein „Leichtgewicht“ zustande. Woran auch immer es gelegen haben mag, die Nase unseres Gefährts tauchte tief ins Wasser ein – wie eine Ente, die ihren Schnabel kopfüber ins Wasser steckt, um nach Nahrung zu fischen – und riss uns alle mit sich unter Wasser. Während die meisten anderen Leute durch das Aufklatschen und das Wassergespritze eher nur eine mittelmäßige Dusche abbekommen, bekamen wir die volle Ladung ab, das heißt, die Leute in unserem Boot nahmen ein ordentliches Bad. Wir tauchten zwar nicht kopfüber ins Wasser ein, aber unsere Kleider waren vom Rumpf abwärts triefnass. Und ich fand das richtig klasse!

Leider wollte niemand so recht meine Freude teilen. Die schweigende Fahrt bis zur Ausstiegsrampe machte mir deutlich, dass es da ein kleines Problem gab. Die zwei Mädels und ich verließen schnell die Bahn. Als ich dann Scott die Hand zum Aussteigen reichte, erkundigte ich mich, wie es ihm gefallen hatte. Seine Antwort bestätigte mir, dass wir wirklich vor einem Problem standen. Er brach in Krokodllstränen aus.

„Was ist los, Sohnemann?“, fragte ich.

„Du hast mir gar nicht gesagt, dass wir nass werden!“, fauchte er mich an.

„Jetzt aber mal halblang“, entgegnete ich, „was hast du denn gedacht, als ich sagte, wir würden uns abkühlen?“

Er hielt inne, um nach Luft zu schnappen, und platzte dann los: „Ich dachte, es wäre klimatisiert.“

## *Was gesagt wird – und was beim anderen ankommt*

Ich werde nie vergessen, was ich schlagartig lernen musste, als wir wie die begossenen Pudel vor allen Leuten dastanden und diese uns anstarrten: Wenn ich nicht aufpasse, kommt es vor, dass ich Worte verwende, die meine Kinder nicht ganz verstehen.

Das ist eine Herausforderung, mit der alle Eltern konfrontiert sind. Insbesondere – so scheint mir – christliche Mütter und Väter. Hören Sie doch einfach mal genau zu, wenn einige über das geistliche Leben sprechen. Sie werden feststellen, dass man unter Umständen eine ganz eigene Sprache hört. Vielleicht braucht man Jahre, bis man sie gelernt hat – und das ist das Problem. Das Christentum hat die tollste Botschaft der Welt. Sie wird aber nichts bewegen, wenn sie mit Umschreibungen präsentiert wird, die fast schon verschlüsselt bzw. kodifiziert und für die, die sich nicht in entsprechenden Kreisen bewegen, nahezu unverständlich sind.

Diese Diskrepanz fällt umso mehr auf, wenn es um Kinder geht. Sicher wird es da witzige Momente und humorvolle Situationen geben, über die man als Eltern schmunzeln muss (oder vielleicht später mal ein Buch schreiben kann). Aber häufig steht eine solche nicht kindgerechte Wortwahl unbeabsichtigt einem tiefgreifenden Gespräch über geistliche Themen im Weg. Was dann nicht gerade witzig ist!

*Das Christentum hat die tollste Botschaft der Welt. Sie wird aber nichts bewegen, wenn sie mit Umschreibungen präsentiert wird, die fast schon verschlüsselt bzw. kodifiziert und für die, die sich nicht in entsprechenden Kreisen bewegen, nahezu unverständlich sind.*

In *The Gentle Art of Communicating with Kids* unterstreicht Dr. Suzette Elgin diesen Punkt, wenn sie schreibt: „Die einzige Bedeutung, die eine Abfolge von Worten (Sprache) besitzt, ist die Bedeutung, die sie nach dem Verständnis des Zuhörers hat.“[1] Was meint sie damit? Es kommt nicht primär darauf an, was man sagt. Was zählt, ist, wie ein Kind das *interpretiert*, was man sagt. Der ehemalige amerikanische Basketballtrainer Arnold Jacob „Red“ Auerbach, der 1980 als bester Trainer der NBA-Geschichte geehrt wurde und in die *Basketball Hall of Fame*[2] aufgenommen wurde, vertritt die gleiche Überzeugung. Er gab Trainern einen Tipp, den wir auch auf unser Thema übertragen können: „Es kommt nicht darauf an, was du deinen Spielern sagst, sondern was sie hören.“[2]

Dieses Kapitel soll Ihnen dabei helfen, die Diskrepanz zwischen dem zu überbrücken, was Sie sagen, und dem, wie Ihre Kinder das, was Sie gerade gesagt haben, verstehen. Der restliche Teil des Buches wird dann auf dem Fundament der folgenden vier grundlegenden Dynamiken der Kommunikation mit Kindern aufbauen.

**Dynamik Nr. 1: Kinder verstehen konkrete Begriffe bzw. einfache Sprache besser als abstrakte**

Mit anderen Worten: Kinder neigen dazu, in sprachlicher Hinsicht Dinge eher wörtlich zu verstehen als Erwachsene. Für Eltern bedeutet dies daher: Vermeiden Sie Symbole und die „Sprache Kanaans"! Ein paar Beispiele, in welche frommdeutsche Fettnäpfchen man hier möglichst nicht tappen sollte, sind an dieser Stelle ganz hilfreich:

„Lade Jesus in dein Herz ein!", lautet eine häufige Aufforderung, die Verwirrung stiften kann. Sicherlich gibt es Kinder, die diesen Satz verstehen, aber viele eben auch nicht. Selbst wenn ein Kind das vielleicht nicht offen sagt, so fragt es sich unter Umständen doch, wie Jesus rein körperlich in einen so engen Raum passen kann. Und umso weniger in ein kindliches Herz. Was ein Erwachsener mit dieser Aufforderung „Lade Jesus in dein Herz ein!" wirklich meint, ist: „Bitte Jesus, dein Freund zu werden!"

„Jesus hat den Preis für deine Sünden bezahlt" ist für

Kinder eine weitere „Floskel", die man überdenken sollte. Ein kleiner Junge, der in unseren Kindergottesdienst ging, erzählte mir einmal, dass er versuchen würde, sein Taschengeld zu sparen, um selbst für seine Sünden zu bezahlen. Auch wenn wir uns nicht über den genauen Betrag unterhalten haben, den er als Taschengeld bekommt, brauchte er doch einige Zeit, um zu verstehen, dass er nie genug zusammensparen konnte.

Manchmal ist es nicht die Bedeutung der Worte, sondern sind es die Worte selbst, die Probleme bereiten können. Ein Vater, der in unsere Gemeinde ging, brachte seine kleine Tochter eines Abends zu Bett und hörte verwirrt dem Schluss ihres Gebetes zu: „Für die Lahmen beten wir. Amen." Dieser komisch klingende Schluss wiederholte sich an drei Abenden, bis der Vater seine Neugierde nicht länger zügeln konnte.

„Warum sagst du eigentlich ‚für die Lahmen beten wir. Amen'?", erkundigte er sich.

„Ich dachte, so sollten Gebete, auch für andere, immer enden", meinte sie.

Ein paar Augenblicke, nachdem er das Kinderzimmer verlassen hatte, merkte der Vater, was passiert war. Seine Tochter wiederholte die Worte, von denen sie dachte, dass er sie benutzte: „Im Namen des Vaters beten wir. Amen." Lektion gelernt! Wenn das Kind die Begriffe rein akustisch nicht versteht, die die Eltern benutzen, misst es ihnen möglicherweise seine eigene Bedeutung bei – oder setzt dafür Worte ein, die es dahinter vermutet und die es kennt. In der Folge überlegte sich dieser Vater noch genauer, welche Worte und Sätze er verwendet – und fing immer an zu schmunzeln, wenn er ein Familiengebet beendete.

Unsere Herausforderung besteht somit darin, den Gebrauch von Analogien, Symbolen oder eine andere abstrakte Wortwahl zu umgehen, welche die Kenntnis eines bestimmten Sprachgebrauches voraussetzen. Genauso müssen wir darauf achten, dass wir die beabsichtigte Bedeutung beibehalten, wenn wir konkrete Begriffe auswählen. (Alternativen zu den geläufigen christlichen Termini finden sich in Kapitel 3, in dem es darum geht, die Botschaft des Evangeliums zu erklären.)

Mancher ist versucht, eine Patentlösung zur Vermeidung eines abstrakten Sprachgebrauchs zu finden, indem er einfach schwierige Wörter komplett weglässt. Das ist jedoch auch nicht immer die beste Lösung. Sicherlich sagt uns unser gesunder Menschenverstand, dass wir keine langen, schwierigen Begriffe verwenden sollten. Der Ausdruck „stellvertretendes Sühneopfer" enthält drei bedeutungsschwere Wortbestandteile, die die meisten Leute einem Sechsjährigen nicht im Traum an den Kopf werfen würden (und vermutlich auch nicht einem Erwachsenen!?).

*Unsere Herausforderung besteht somit darin, den Gebrauch von Analogien, Symbolen oder eine andere abstrakte Wortwahl zu umgehen, welche die Kenntnis eines bestimmten Sprachgebrauches voraussetzen.*

Der einfachere Ausdruck „vollkommenes Lamm Gottes, das unsere Sünden trug", kann aber genauso zu Verwirrungen führen. Warum sollte ein Lämmchen Sünden tragen? Selbst relativ einfache Worte können zusammengenommen einen komplexen Ausdruck oder eine Analogie bilden, die die Bedeutung verschleiert und für Kinder unverständlich macht, die Worten normalerweise eine rein wörtliche Bedeutung beimessen.

Jesu Jünger stellen uns ein ausgezeichnetes Beispiel für die Verwirrung vor Augen, zu der es kommen kann, wenn man einen Ausdruck wörtlich versteht. Jesus warnte sie einmal: „Hütet euch vor dem Sauerteig der Pharisäer und Sadduzäer!" (Matthäus 16,6; HFA). Auch wenn die Jünger ihn schon bei anderen Gelegenheiten in Gleichnissen hatten reden hören, versuchten sie, den bildhaften Vergleich von Jesus wörtlich zu übersetzen. Sie nahmen an, dass er sie auf ihr Versäumnis aufmerksam machen wollte, Brot für die Reise einzupacken. Etwas verzweifelt sprach er dann aus, was er eigentlich gemeint hatte: „Da endlich verstanden sie, dass er nicht den Sauerteig gemeint hatte, der zum Brotbacken verwendet wird, sondern die Lehre der Pharisäer und Sadduzäer" (Vers 12).

Von unseren Kindern sollten wir nicht mehr Verständnis erwarten als von den Nachfolgern Jesu damals. Wenn wir vor dem Dilemma stehen, eine abstrakte Wortwahl zu treffen, hilft nur eines: Wir müssen konkrete, wörtliche Begriffe benutzen. Die sprachliche Klarheit erfordert es, dass wir die Worte gebrauchen, die Kinder hören müssen, auch wenn sie wahrscheinlich von den Worten abweichen, die Erwachsene typischerweise in Gesprächen untereinander verwenden. Rein äußerlich betrachtet, ist es sicherlich nicht falsch zu sagen: „meine Sünden zu Füßen des Kreuzes legen". Die Worte „Gott sagen, wie leid mir die Dinge tun, die ich falsch gemacht habe" vermittelt die gleiche Botschaft – aber auf eine Weise, die ein Kind viel leichter verstehen kann.

Mit zunehmendem Alter wird die Fähigkeit Ihrer Kinder, abstrakte Begriffe zu verstehen, sicherlich zunehmen. Aber im gleichen Maße *schwindet* auch die Wahrscheinlichkeit, dass sie sich für ein Leben mit Jesus entscheiden. Wie ich bereits gesagt habe, zeigen die Umfrageergebnisse des Demoskopen George Barna, dass Kinder am ehesten zum Glauben kommen, bevor sie 13 Jahre alt sind.[3] Als jemand, der hier wohl die rühmliche Ausnahme bildet und sein Leben Christus erst als Erwachsener anvertraut hat, weiß ich, dass Personen jeglichen Alters, die noch nicht zur Familie Gottes gehören, in Gesprächen über den Glauben eine konkrete Sprache zu schätzen wissen. In 1. Korinther 2, Vers 1 (HFA) gibt uns Paulus ein ausgezeichnetes Beispiel, dem wir uns anschließen sollen: „Liebe Brüder und Schwestern! Als ich zu euch kam und euch Gottes Botschaft brachte, die bisher noch nicht bekannt war, habe ich das nicht mit geschliffener Rede und menschlicher Weisheit getan."

## Dynamik Nr. 2: Kinder befinden sich (auch je nach Alter) auf unterschiedlichen Entwicklungsstufen

Das Alter beeinflusst die kindliche Fähigkeit zu verstehen, egal, wie einfach die Worte sind, in die Sie die Konzepte kleiden, die Sie kommunizieren wollen. Zum Alter eines Kindes kommen noch weitere Faktoren hinzu wie Erziehung, Familie und soziales Umfeld. Auch die Lebenserfahrungen prägen sein intellektuelles und geistliches Verständnis, sodass diese Faktoren mit dazu beitragen, in welcher Weise wir mit unseren Kindern kommunizieren.

Als Elternteil fällt mir immer wieder auf, wie unterschiedlich sich meine Kinder entwickeln. Zum Beispiel brütet mein zehnjähriger Sohn über langen Multiplikationsaufgaben, während sich meine siebenjährige Tochter damit herumschlägt, zweistellige Zahlen zu addieren. Keiner ist besser als der andere. Sie befinden sich auf Grund ihres Altersunterschiedes lediglich auf verschiedenen Lernstufen. So spielt bei einem Gespräch unter vier Augen das jeweilige Alter eines jeden Kindes eine Rolle, wenn es darum geht, sich darauf einzustellen, wie einfach die von mir verwendete Sprache und die Inhalte sein müssen.

Vor Kurzem lernte ich – wieder einmal –, dass das Alter nicht der einzig ausschlaggebende Faktor ist. Ich trainiere das Basketballteam meines Sohnes. In dieser Saison schloss sich ein neuer Spieler namens Matthew unserem Team von acht alten Hasen an. Er ist ein patenter Kerl mit einem Lächeln so breit wie das Spielfeld, auf dem wir spielen. Bei einem Trainingsspiel übertrug ich Matthew eine besondere Aufgabe.

„Wenn das andere Team einen Korb erzielt", sagte ich zu ihm, „nimmst du den Ball aus dem Aus."

„Alles klaro, Coach", erwiderte er mit seinem typischen Grinsen.

Jeder aus der Mannschaft verstand, dass meine Anweisung heißen sollte, dass Matthew, nachdem der Gegner seinen Spielzug mit einem Korberfolg abgeschlossen hatte, sich den Ball schnappte, hinter die schwarze Linie unter dem Korb trat und dann den Ball einem Mitspieler zuwarf. Jeder – nur nicht Matthew!

Einige Augenblicke später erzielte ein Spieler des gegnerischen Teams einen Korb, wodurch Matthews große Stunde gekommen war. Zuversichtlich griff er nach dem Ball und stellte sich hinter die Spielfeldlinie. Und so stand er da. Und stand da. Ich pfiff das Spiel ab und fragte Matt, warum er den Ball nicht warf. Sein „Markenzeichen" verschwand aus seinem Gesicht. Ich rannte zu ihm hinüber, und er erklärte mir, dass ich ihn lediglich angewiesen hätte, den Ball aus dem Aus zu nehmen. Ich hätte ihm nicht gesagt, dass er ihn jemandem zuwerfen solle.

Er hatte Recht. Ich hatte es vermasselt. Ich hatte Matthews Erfahrungshorizont nicht in Betracht gezogen, als ich ihm die Anweisung gegeben hatte. Ich hatte angenommen, dass er wusste, was ich damit meinte. Diese Situation veranlasste mich dazu, zunächst jeden Spieler individuell zu trainieren. Wir setzten dann unser Training mit einem weiseren Trainer fort. Glücklicherweise hat Matthew sein Lächeln wiedergefunden.

Was das für Eltern bedeutet, ist klar: Wir müssen uns ständig selbst überprüfen und die Annahmen reflektieren, die unseren Anmerkungen zugrundeliegen. Wenn Ihr Sohn bislang nur wenig Kontakt zur Bibel hatte, sollten Sie sich – statt nur auf eine biblische Geschichte Bezug zu nehmen – einige Augenblicke Zeit nehmen und die Geschichte erklären. Oder wenn Sie Ihre Tochter dazu ermutigen zu beten, sollten Sie sich vorab überlegen, ob sie auch weiß, wie sie das tun kann. Die gewisse Sensibilität für die Entwicklungsstufe des Kindes wird noch wichtiger, wenn Sie mehr als ein Kind haben. Genauso müssen wir diesen Punkt bedenken, bevor wir Kinder in einen Gottesdienst für Erwachsene mitnehmen.

Manchmal sind aber das fehlende Wissen, der mangelnde Erfahrungshorizont oder das nötige Hintergrundwissen gar nicht das Problem. Vielleicht hat das Kind ja schon jede Menge gelernt, was gut oder auch nicht gut sein mag. Manche Kinder haben schon tolle Dinge über Gott und Jesus erfahren. Wieder andere erkennen in dem missbräuchlichen Gebrauch verschiedener Gottesnamen im Familien-, Freundeskreis oder im Fernsehen einen Fluch. Diese Diskrepanz kann zu einem entscheidenden Faktor werden, wenn die Gute Nachricht auf eine Weise erklärt wird, die davon ausgeht, dass eine gewisse Ehrfurcht vor Gott besteht.

Scheuen Sie sich nicht, eine Auszeit auszurufen, um sich zu vergewissern, ob Ihr Kind überhaupt versteht, was Sie da sagen. Überdenken Sie jede Annahme, von der Sie

vielleicht ausgehen. Und seien Sie immer bereit, Ihre Wortwahl bzw. das Gesagte dem Zuhörenden anzupassen. Je mehr Sie Ihre Kommentare auf den entsprechenden Entwicklungsstand Ihres Kindes zuschneiden – insoweit Sie das beurteilen können –, desto besser werden Sie sich mit ihm/ihr verstehen.

### Dynamik Nr. 3: Kinder merken sich eine Geschichte oder ein Bild besser, wenn sie es verstehen und aus ihrem eigenen Erfahrungsbereich kennen

Als Kind habe ich mir gerne die *Peanuts*-Geschichten im Fernsehen angesehen. Und auch als Erwachsener sehe ich sie mir immer noch gerne an. Die Handlungen, die Figuren und der zeitlose Humor sind in ihrer einmaligen Kombination ein Zeichen für das unvergleichliche Genie des Autors und Zeichners Charles M. Schultz. Meine Lieblingsszenen unter seinen zahlreichen Fernseh-Shows waren jene, in denen ein Kind im Klassenzimmer saß und der Lehrerin zuhörte. Die Lehrerin, die nie gezeigt wurde, sagte immer das Gleiche: „Wah, wah, wah, waaah." Schon allein die Erinnerung an diese „Stimme" bringt mich noch heute beim Schreiben dieses Abschnitts zum Schmunzeln.

Die *Peanuts*-Lehrerin und ihre sehr denkwürdigen Seufzer „Wah, wah, wah, waaah" werden oft zitiert und bringen den scherzhaften Spott über jemanden zum Ausdruck, der länger als nötig über ein Thema doziert oder eine langweilige Lektion herunterleiert. Ich erinnere mich noch gut daran, wie ich einmal als Jugendlicher meine Augen verdrehte und dieses Gemeckere als Antwort auf etwas, das mein Vater mir sagte, von mir gab. Ich habe es danach nie wieder probiert!

Was ich damit sagen will: Niemand – insbesondere kein Kind – mag es, sich Vorträge anhören zu müssen. Dagegen wird ein Kind das, was ein Erwachsener ihm zu erklären versucht, weitaus besser verstehen, wenn dieser es in eine kurze Geschichte verpackt. Kinder lieben Geschichten! Vor allem kurze Geschichten! Kinder werden sich auch intensiver auf das Gesagte einlassen, wenn Mama und Papa Worte benutzen, die sich auf etwas Vertrautes beziehen – und so einen Bezug zwischen der Geschichte und dem Zuhörenden herstellen. Dazu ein praktisches Beispiel:

Ich habe einen Freund namens Dennis, der im Rahmen unserer gemeindlichen Arbeit mit Kindern Jungen-Kleingruppen von Zweit- und Drittklässlern betreut. In dieser Funktion hat er zwangsläufig auch die Möglichkeit, mit den Kindern über seinen Weg mit Jesus zu reden. Wenn er von seinem Glaubensweg berichtet, fängt er so an: „Kids, ich möchte euch eine Geschichte über einen Jungen in eurem Alter erzählen, der immer gerne Baseball, Fußball und Basketball spielte. Nun war er nicht immer der Beste in der Mannschaft und wurde auch nicht immer als Erster in eine Mannschaft gewählt." Während der nächsten Minuten hafteten tellergroße Kinderaugen an seinen Lippen.

Ein Grund, warum Dennis so viel Erfolg dabei hat, sein Zeugnis an Kinder weiterzugeben, ist seine Kunst, Kinder mit einzubeziehen, mit hineinzunehmen – sodass sie hören *wollen*, was er zu sagen hat. Er erzählt ihnen eine Geschichte und hält ihnen keinen großen Vortrag. Er schmückt diese Geschichte mit Punkten aus, die Jungs in der zweiten und dritten Klasse vertraut sind. Wenn ein Junge Sport mag, wird er sich in Dennis' Geschichte wiederfinden. Wenn er keinen Sport mag, wird er sich auch darin wiederfinden, dass der Junge beim Spiel nicht als Erster drangenommen wurde.

Jesus war ein echter Fachmann, wenn es darum ging, mit Hilfe von Geschichten bestimmte Wahrheiten zu vermitteln. Er erzählte die Geschichte vom guten Samariter (Lukas 10) als Antwort auf eine Frage, die er hätte einfach beantworten können – mit einer faktischen Aussage oder einem Vortrag darüber, wen man als seinen Nachbarn zu betrachten habe. Stattdessen veranschaulichte er – mittels einer Geschichte – den Begriff vom „Nachbarn", und zwar auf eine Weise, die niemand je vergessen würde.

Auch wir können uns diese Technik zunutze machen, die manchmal auch als Malen eines Wortbildes bezeichnet wird. Wenn ich bei dem, was ich erzähle, eine oder mehrere Parallelen zu dem Leben meines Sohnes oder meiner Tochter einbaue, kann er oder sie sich die Situation besser vorstellen und sich in das Gespräch einfinden. Für Eltern ist es recht einfach, eine Gemeinsamkeit zu finden, die man einflechten kann – wir tun das so und so, ohne groß darüber nachzudenken. Manchmal kann man die Uhr seines eigenen Lebens zurückdrehen und eine persönliche Erfahrung aus dem Gedächtnis hervorkramen und mitteilen. Denken Sie nur an all die Male, bei denen Sie gesagt haben: „Als ich noch ein Kind war ..." Um dem Ganzen jedoch noch mehr Nachdruck zu verleihen, nehmen Sie direkt Bezug zu dem *derzeitigen* Leben Ihres Kindes. Zum Beispiel: „Wie du weißt, hast du doch viele Möglichkeiten, was du in deiner Pause spielen kannst ...", oder ähnliche Äußerungen weisen Kinder darauf hin, dass das, was da folgt, sich direkt auf sie bezieht – ein Ansatz also, der die Aufmerksamkeit viel eher fesselt als der beste Vortrag.

Eine weitere Möglichkeit, ein Kind in eine Geschichte einzubinden, bieten zeitlich angebrachte Fragen, die zum Nachdenken anregen, aber nicht zu langes Nachdenken erfordern. Haben Sie schon einmal jemanden beobachtet, dem dies besonders gut gelungen ist? Diese Frage regt eine kurze geistige Beteiligung Ihrerseits als Leser an, führt aber nicht auf zu lange mentale Exkurse. Beispiele für solche Gesprächsfragen sind möglicherweise: „Habt ihr schon darüber nachgedacht?", „Könnt ihr euch vorstellen, wie sie sich gefühlt haben muss?" oder: „Ihr habt das bestimmt noch niiie getan, oder?" (begleitet von einem kurzen Grinsen). Die Liste ließe sich beliebig fortsetzen.

Derartige Fragen erfordern keine langen Antworten, falls überhaupt welche. Wir setzen sie einfach nur ein, um zum Nachdenken anzuregen. Sie beziehen den Zuhörer mit ein. Sie ermöglichen es Ihnen, *mit* Ihrem Kind zu reden, anstatt an ihm *vorbei* oder anstatt es „*an*zupredigen". Und es bewahrt Sie davor, dass Sie sich anhören, wie die Lehrerin bei den *Peanuts*.

### Dynamik Nr. 4: Kinder können durch ein einziges Detail einer Geschichte abgelenkt und verunsichert werden

Diese Dynamik dient als Gradmesser für die Geschichten, die wir erzählen. Wie bei vielen Menschen so enthielt auch mein Leben Höhen und Tiefen, Probleme und Tiefschläge, aber auch viele wertvolle Lektionen. Ein großer Teil dieses

Lernprozesses vollzog sich, als ich in der *National Football League* arbeitete. Aber immer, wenn ich mit jemandem über irgendwelche Lebensprobleme spreche, die ich während meines kurzen Intermezzos bei den *Indianapolis Colts* bewältigt habe, nimmt die Unterhaltung in der Regel eine abrupte Wende. Mein betreffender Gesprächspartner versucht, sich mich in voller Montur mit Helm vorzustellen, und wagt, eine Vermutung abzugeben, in welcher Position ich wohl gespielt habe. Die Enttäuschung hält dann nur für einen Moment an, wenn ich klarstelle, dass ich in der Öffentlichkeitsabteilung des Vereins gearbeitet habe.

Nun stelle man sich vor, wie es wäre, wenn ich meinem Sohn, der in die fünfte Klasse geht, von meinem Glauben erzähle und dabei auf diese Lebenserfahrung zu sprechen komme. Er würde vielleicht darauf bestehen, dass ich ihm von einem Interview berichte, das ich mit dem (inzwischen verstorbenen) Runningback der *Chicago Bears*, Walter Payton, geführt habe, und dann hätte ich so meine Probleme, das Gespräch wieder auf das ursprüngliche geistliche Thema zurückzubringen. Insofern habe ich gelernt, mir sorgfältig zu überlegen, welche Details ich in meiner Glaubensgeschichte meinen Kindern gegenüber erwähne.

Überlegen Sie zum Beispiel, welche Wirkung es hätte, wenn Sie Ihrem Sohn oder Ihrer Tochter erzählten, wie Jesus Ihnen half, Ihre Alkohol- oder Drogensucht in den Griff zu bekommen. Sicher kann sich der Glaube an Christus in einer solchen Situation als sehr hilfreich erweisen. Das steht außer Frage. Es geht auch nicht darum, eine unangenehme Wahrheit vor Ihren Kindern zu verbergen. Doch es geht hier um Angemessenheit und den richtigen Zeitpunkt. Wählen Sie den richtigen Zeitpunkt, um entsprechende Details aus Ihrer persönlichen Lebensgeschichte preiszugeben. Als Anhaltspunkt sollten Sie Dynamik 2 über die Entwicklungsstufen des Kindes beachten. Ich hörte einmal ein Elternteil zu einem jungen Mädchen sagen:

„Eines Tages werden du und dein Bruder verstehen, wie toll es ist, dass ihr euch als Freunde habt." Das Mädchen, das zu diesem Zeitpunkt offenbar ziemlich sauer über seinen Bruder war, erwiderte: „Mag ja sein, aber sicher nicht heute."

Susan Shadid, die Leiterin des *Promiseland*-Schulungsprogramms, eröffnet eine wertvolle Perspektive, wenn es darum geht, welche Details man in Bezug auf ein viel allgemeineres Gesprächsthema aufgreifen sollte. Insbesondere rät sie Erwachsenen, Kindern gegenüber nicht allzu sehr auf den Himmel als alleinigen Grund für die Errettung hinzuweisen: „Die Ewigkeit mit Gott im Himmel zu verbringen ist sicher ein Eckpfeiler, den Kinder verstehen müssen, wenn sie Christ werden wollen", so ihre Meinung. „Aber wenn die Eltern ihren Blick nur darauf richten, bekommen manche Kinder – besonders die jüngeren – vor dem Christsein Angst, denn sie glauben unter Umständen, dass jemand, der zum Glauben an Christus kommt, bald danach sterben müsse."

Verstehen Sie mich nicht falsch. Es geht mir nicht darum, dass Sie gar keine Geschichten erzählen oder grundlegende geistliche Wahrheiten auslassen sollen. Ich möchte Ihnen vielmehr vorschlagen, gewisse Details zu überdenken und für ihre möglichen Auswirkungen auf unsere jungen Zuhörer sensibel zu sein. Oftmals genügt es bereits, wenn wir das, was wir sagen, in andere Worte kleiden, wobei der Sinngehalt erhalten bleibt, aber ohne Ablenkungen einzubauen.

*Ich möchte Ihnen vorschlagen, gewisse Details zu überdenken und für ihre möglichen Auswirkungen auf unsere jungen Zuhörer sensibel zu sein.*

## *Anknüpfungspunkte*

Wenn Sie nun der Meinung sind, dass es für Sie eine große Herausforderung darstellt, die vier Dynamiken der Kommunikation jedes Mal anzuwenden, wenn Sie sich mit Ihrem Kind unterhalten, dann kann ich Ihnen nur beipflichten. Aber mit der Praxis wird sich auch der Erfolg einstellen – und das ist gut so. Ich spreche schon seit mehreren Jahren über diese Dynamiken, muss mir aber immer noch ab und zu die gelbe Karte zeigen. Sie können beispielsweise aktiv der beschreibenden Sprache Ihrer Kinder zuhören, wenn Sie in Ihrer Nähe sind. Wenn Sie sie zum Fußballtraining fahren oder die Kinder im Garten spielen, dann achten Sie doch einmal auf die Gespräche, die Ihre Kinder mit anderen führen.

Eine weitere prima Übung, die Sie durchführen könnten, bevor Sie die Gelegenheit zu einem Glaubensgespräch mit Ihrem Kind ergreifen, besteht darin, sich ein paar Augenblicke Zeit zu nehmen, um sich vorzustellen, wie das Leben aus der Perspektive Ihres Sohnes oder Ihrer Tochter aussieht. Stellen Sie sich dann im Geist bildhaft vor, was Sie über die grundlegenden Dinge des Christseins sagen könnten. Was würde Ihrer Meinung nach für Ihr Kind einen Sinn ergeben? Welche Gemeinsamkeiten bestehen zwischen dem Leben Ihres Kindes und dem Ihrigen, als sie ein Heranwachsender waren? Welche Verbindung besteht zwischen dem einzigartigen Leben, das Ihr Kind lebt, und den Wahrheiten in der Bibel? (Nur so als Tipp: Die Liste könnte ganz schön lang werden!). Die Herausforderung besteht hier darin, sich Gedanken darüber zu machen, was Sie – unter Anwendung der vier Dynamiken – sagen könnten, *bevor* Sie es sagen müssen.

Zur gezielteren Vorbereitung könnten Sie auf Entdeckungsreise gehen und sich ansehen, wie andere Kids – die in einem ähnlichen Alter wie Ihre eigenen Kinder sind –

ihre Beziehung zu Jesus beschreiben. Hören Sie genau auf ihre Worte. Die Kinderstunden in Ihrer Kirche oder Gemeinde – oder vielleicht eine andere Familie – könnten ein solcher Ort, ein solches Übungsfeld für Sie sein. Wenn Sie dazu aber keine Möglichkeit sehen, möchte ich Ihnen hier die Unterstützung meiner Tochter anbieten. Als sie sieben war, schrieb sie ihre Gedanken über ihre Beziehung zu Jesus auf, so als ob sie es einer Freundin erzählen wollte. Ich möchte ihre Geschichte das „Evangelium nach Erin" nennen.

Nun zu dem, was sie da aufschrieb (mit viel Unterstützung durch das automatische Rechtschreib- und Grammatikprogramm unseres Computers):

*„Du musst Jesus kennen, bevor du es tust (beten). Du musst wissen, dass er für uns hier herunter auf die Erde kam. Er erklärte den Menschen, wie sie leben und die anderen Menschen nett behandeln können. Damit wir in den Himmel kommen können, starb er an einem Kreuz. Die Menschen hier können ihn kennenlernen, aber eigentlich ist er im Himmel, aber nicht tot. Jesus reinigt uns von den falschen Dingen, die wir getan haben – so wie wir mit Seife ein Bad nehmen.*

*Und so wirst du für immer ein Freund von Jesus: Bete einfach: ‚In meinem Leben habe ich eine Menge Zeug falsch gemacht, aber ich will in den Himmel kommen. Ich will, dass das, was Jesus getan hat, als er starb, auch für mich zählt. Bitte sei bei mir mein ganzes Leben lang, und hilf mir, mein Leben so zu leben, wie du es willst. Amen!'*

*Aber du kannst nur jemandes bester Freund sein, wenn du Zeit mit ihm verbringst. Und so musst du auch mit Jesus zusammen sein – du musst Zeit mit ihm verbringen und ihn kennenlernen und dann das Gebet sagen.*

*Das Coolste daran, für immer ein Freund von Jesus zu sein, ist, dass er immer bei dir ist! Manchmal sage ich:*

*‚Jesus, ich habe Angst, hilf mir.' Dann macht er mich manchmal nicht ängstlich. Aber wenn er es nicht tut, dann laufe ich einfach in Mamas oder Papas Zimmer.*

*Ich wünschte, jeder könnte ein Freund von Jesus sein."*

Erin verwendete einfachere Worte, als Sie und ich sie normalerweise verwenden würden. Und doch vermittelt ihre Ausdrucksweise die Botschaft von Christus, sodass sie bei jungen Zuhörern wahrscheinlich ankommen würde.

Es ist eine wertvolle Herausforderung, sich eine Ausdrucksweise anzueignen, die den Zuhörer im Blick hat, aber es ist wiederum kein neuer Ansatz. Im 2. Kapitel der Apostelgeschichte wird davon berichtet, dass es am Pfingsttag, als der Heilige Geist die Jünger erfüllte, ein mächtiges Rauschen gab, als wehe ein Sturm vom Himmel herab, und so etwas wie ein züngelndes Feuer ließ sich auf alle Anwesenden nieder. Was dann passierte, hat etwas mit der Herausforderung zu tun, vor die wir gestellt sind. Die Menschen außerhalb des Hauses, in dem das alles geschah („nun lebten in Jerusalem fromme Juden aus aller Welt", Vers 5), hörten Einzelne in ihrer eigenen Sprache reden – und die Muli-Kulti-Worte schienen von der homogenen Gruppe von Nachfolgern Jesu auszugehen. Die Reaktion war Erstaunen und Fassungslosigkeit: „... wir alle hören sie in unserer eigenen Sprache die großen Taten Gottes verkünden! ... Wie kommt es, dass jeder von uns sie in seiner Muttersprache reden hört?" (Verse 11 und 8).

Für uns heißt das: Wenn wir uns die vier entscheidenden Dynamiken der Kommunikation mit Kindern vor Augen halten, werden wir die großen Taten Gottes auf eine Weise verkünden, dass sie es verstehen werden – ohne dass Feuerzungen erforderlich sind. Damit wollen wir jedoch nicht das Wirken von Gottes Heiligem Geist vernachlässigen oder zugunsten von Kommunikationstechniken oder Methoden „abwerten". Diese Kommunikationsprinzipien werden dennoch die Effektivität der Gespräche mit Kindern steigern, egal, worüber wir mit ihnen reden. Darüber hinaus finden Kinder es cool, wenn Erwachsene ihnen etwas auf eine Weise erklären, die sie tatsächlich auch verstehen können.

Aus diesem Grund wollen wir die vier entscheidenden Dynamiken einsetzen. Das nächste Kapitel bietet eine Schritt-für-Schritt-Anleitung für Erwachsene, wie sie ihren eigenen Weg zu Gott schildern können. Danach wollen wir uns ansehen, wie man verständlich den Heilsplan erklärt. Weiter geht es dann mit Hilfestellungen dazu, wie man mit einem Kind betet, damit es ein Nachfolger von Jesus wird.

## Kurz nachgedacht

1. Schreiben Sie mehrere Beispiele für abstrakte Begriffe und Ausdrücke auf, die Sie schon einmal in der Gemeinde aufgeschnappt oder andere Erwachsene haben sagen hören, die Kinder verwirren könnten. Haben Sie selbst schon einmal solche Begriffe verwendet?

2. Notieren Sie, was Ihre Kinder Ihrer Meinung nach bereits über Gott, Jesus und die Bibel wissen.

3. Erstellen Sie eine Liste mit einzelnen Punkten, die das Leben Ihres Kindes derzeit beschreiben! Außer den schulischen, gesellschaftlichen und Freizeitaktivitäten sollten Sie auch typische Einstellungen zu Gott, zu Jesus, der Gemeinde und dem Christsein aufschreiben. Unterstreichen Sie die Punkte, an die Sie sich noch sehr gut aus Ihrer eigenen Kindheit erinnern!

*Kapitel 2*

# *Ihre Geschichte*

*Disney World* in Orlando, Florida, ist vermutlich der bekannteste Freizeitpark der Welt. Ein Besuch dort wird vermutlich praktisch jedes Kind begeistern. Eigentlich machen allein schon die Vorbereitung und die entsprechende Vorfreude auf den Ausflug jede Menge Spaß. Zumindest meiner Frau und mir. Und so verkündeten wir unseren Kindern schon ein Jahr im Voraus: „Wir besuchen ‚Disney World'." Wir wollten so viel aus dem ganzen Besuch herausholen wie nur irgend möglich – und das schloss die Planungsphase mit ein.

Während ich also Monate damit verbrachte, zu Hause die Stimmung anzuheizen, verdiente meine Frau sich buchstäblich einen akademischen Abschluss im Fach *Disney*-Ausflugsplanung. Telefonate, Gespräche mit anderen Familien, Bücher, Internetrecherche – sie hatte alles durch. Als es dann soweit war und wir den Vergnügungspark besuchten, folgten wir ihrem detaillierten Plan, um das Meiste aus unserem Besuch herauszuholen. Mein Part bestand darin, das Gepäck zu schleppen. Mit einem Lächeln!

Das Ergebnis von Beckys unermüdlicher Recherche war ein Ausflug, der von seinem Spaßfaktor her mehr als gelungen war, denn wir wussten schon genau, wo es die besten Adrenalinkicks und die coolsten Fahrattraktionen gab und welches die beste Strategie war, um lange Schlangen zu umschiffen. Auch wenn manche Bücher für sich beanspruchen, großartige Tipps für einen *Disney*-Besuch geben zu können, so fanden wir doch, dass die besten Empfehlungen von Leuten kamen, die wir kannten. Ihre Tipps waren Gold wert.

Das traf insbesondere auf unsere Tochter Erin zu. Ihre beste Freundin Lauren hatte ihr mehrfach erzählt, dass die coolste Attraktion in *Disney World* der *Space Mountain* sei – eine Indoor-Achterbahn, die einen durchs All schießt. Unglücklicherweise bin ich – zusätzlich zu meinem Gepäck-Kuli-Job – auch ein passionierter Achterbahnfahrer. Auf Grund von Laurens begeisterten Schilderungen des *Space Mountain* hatte Erin sich darauf fixiert, jede freie Minute in die äußersten Galaxien des Universums geschleudert zu werden. Ich persönlich ziehe ja Achterbahnen im Freien vor, wo ich sehen kann, an welchen Stellen die Strecke abfällt oder eine Biegung macht (das heißt, wenn ich meine Augen dann auch geöffnet habe). Aber ich habe es überstanden. Mit einem Lächeln!

Gerechterweise muss ich sagen, dass auch andere *Disney*-Attraktionen Nervenkitzel für Leute wie mich bieten, die es in sich haben. Im Nachhinein bin ich mir gar nicht mehr so sicher, welches Erlebnis mich am meisten gefesselt hat: das Gefühl, dass mein Leben auf dem *Space Mountain* enden würde, oder doch lieber auf der Bootsfahrt, bei der Tausende von Puppen trällerten: „It's a small world after all." Zum Glück stand Letztere nicht auf Laurens Empfehlungsliste, und so hatte sie keine Chance, nochmals auf die „Damit wollen wir noch einmal fahren"-Liste gesetzt zu werden. Aber *Space Mountain* schaffte es.

Nach unserer dritten Fahrt, auf der wir den „Tod auf der Achterbahn" in nahezu absoluter Dunkelheit abgewehrt hatten, verstand ich, warum Kinder die Erfahrungen anderer Menschen so wichtig sind. Ohne das persönliche Zeugnis und die Ermunterung ihrer Freundin hätten meine Tochter und ich uns anderen Abenteuern gestellt. Doch wir vertrauten ihrer Freundin, weil man darauf vertrauen kann, dass Freunde die Wahrheit sagen – viel mehr als irgendeiner Botschaft, einem Hinweisschild oder einer Anziehungskraft, die eine andere Attraktion bieten könnte. Nichts kann ein persönliches Zeugnis ersetzen.

So viel Fun die Fahrten in der Achterbahn (im Falle von Erin und Lauren) auch bringen können, der Kick verblasst im Vergleich zu dem unglaublichsten Erlebnis im Leben – der Beziehung zu Jesus. Bitten Sie einmal jemanden, der Christus nachfolgt, um sein persönliches Zeugnis. Doch nur weil jemand eine persönliche Geschichte hat, heißt das noch lange nicht, dass er auch die Fähigkeit besitzt, sie gut weiterzugeben. Da ist zum Glück nur eine gehörige Portion Vorbereitung nötig – mehr braucht es nicht –, um die Wahrscheinlichkeit unwahrscheinlich zu erhöhen, dass das Zeugnis beim Gegenüber auch ankommt.

*Nichts kann ein persönliches Zeugnis ersetzen.*

## *Grundlagen für ein gelungenes Zeugnis*

Der allerbeste Weg, um mit der Vorbereitung zu beginnen, besteht darin, sich zunächst zu überlegen, wie es dazu kam, dass Sie Christ wurden. Wozu soll diese Geschichte gut sein? Weil das Erzählen Ihrer persönlichen Geschichte mit Jesus ein beträchtliches Gewicht hat. Es ist Ihrem Sohn oder Ihrer Tochter wirklich wichtig, denn von dem Augenblick der Geburt an haben seine bzw. ihre Augen zu Ihnen hochgeschaut. Wenn Sie über Ihren Glaubensweg berichten, verdeutlichen Sie, dass Jesus heute noch das Leben realer Personen verändert – und nicht nur das Leben der

Menschen vor 2.000 Jahren, von denen in der Bibel berichtet wird. In der heutigen Welt erhalten Kinder aus vielen verschiedenen Quellen Aussagen über Religion und Christentum. Einige davon sind gut, andere nicht. Eine Lebensgeschichte macht das vielfältige Angebot an christlichen Meinungen zu einer ganz persönlichen und glaubwürdigen Sache, weil die Quelle der Information Mama oder Papa ist. Und das ist gut so.

Sehen wir uns einmal diese Analogie an: Wenn man sich mit Kumpels bei einer Flasche Bier über Fußball unterhält, ist das etwas völlig anderes als ein Gespräch über Fußball mit einem Profispieler. Warum? Weil man im Falle des Spielers reale Spielerfahrungen mit jemandem austauschen kann, der selbst den Sport betreibt, und nicht jemanden vor sich hat, der nur zuschaut oder darüber quasselt. Genauso ist Ihre einzigartige Ausgangsposition die, dass Sie bereits das Vertrauen Ihres Kindes genießen – was so viel heißt, dass Eltern einen Heimvorteil besitzen, wenn sie ein Thema wie das des persönlichen Glaubens ansprechen.

Bill Hybels, der leitende Pastor von *Willow Creek*, bestätigt ebenfalls, wie wichtig solche Gespräche sind: „Das größte Geschenk, das Sie jemandem machen können, ist die Geschichte von Jesus und wie er Leben verändert – besonders Ihres.“[1]

Dieses Geschenk muss aber sorgfältig eingepackt werden, damit es ankommt. Bill Hybels führt deshalb wichtige Merkmale an, die genau beachtet werden sollten:[2]

- Machen Sie es verständlich.
- Verwenden Sie die richtige Terminologie (Ausdrucksweise).
- Fassen Sie sich kurz.

Wenn ich mich nicht an diese Punkte halten würde, würde meine Geschichte aus dem Ruder laufen. Und Ihre vielleicht auch. Wenn man diese Liste noch mit der Erfordernis ergänzt, gut auf Kinder einzugehen, so wird deutlich, dass es einiger Arbeit bedarf.

Der restliche Teil dieses Kapitels wird uns helfen, unsere persönlichen Geschichten zu formulieren und an ihnen zu feilen, damit wir sie überzeugend und effektiv unseren Kindern weitergeben können.

Machen Sie sich zunächst Gedanken über den Aufbau Ihrer Geschichte: Was folgt der einleitenden Bemerkung: „Schau, so war das bei mir"? Werden Sie sich dann Ihrer Verantwortung bewusst, diese Geschichte verständlich zu kommunizieren. Das ist in der Tat eine große Herausforderung, wenn man das mögliche Ergebnis betrachtet: Sie können dazu beitragen, dass Ihr Sohn oder Ihre Tochter *sein* oder *ihr* Bedürfnis nach einer persönlichen Beziehung zu Jesus Christus erkennt und versteht. Mit anderen Worten: Gott wird ihnen wichtig werden, wenn sie wissen, dass Gott Ihnen wichtig ist. Und Petrus zufolge ist dies auch eine Pflicht, der wir alle nachkommen sollten:

*„Ihr aber seid das erwählte Volk, das Haus des Königs, die Priesterschaft, das heilige Volk, das Gott selbst gehört. Er hat euch aus der Dunkelheit in sein wunderbares Licht gerufen, damit ihr seine machtvollen Taten verkündet. Früher wart ihr nicht sein Volk; aber jetzt seid ihr das Volk, das Gott gehört. Früher galt euch nicht sein Erbarmen, aber jetzt habt ihr sein Erbarmen erfahren"* (1. Petrus 2,9).

*Machen Sie sich zunächst Gedanken über den Aufbau Ihrer Geschichte: Was folgt der einleitenden Bemerkung: „Schau, so war das bei mir"?*

Darum wollen wir auch an unseren Geschichten arbeiten!

## *Ein Apostel gibt Unterricht*

Unser Zeugnis wird einen dreigliedrigen Aufbau besitzen, der uns als Organisations- und Merkhilfe dient. Damit Sie Ihre Geschichte erzählen können, müssen Sie in der Lage sein, sie schnell aus dem Gedächtnis abzurufen. Und um Ihre Geschichte gut weiterzugeben, ist es erforderlich, dass Sie sie logisch aufbauen, sodass Ihr Zuhörer ihr leicht folgen kann. Mark Mittelberg, Bill Hybels und Lee Strobel, die Verfasser des Schulungsmaterials „So wird Ihr Christsein ansteckend“, schlagen dabei vor, dass wir dem Aufbau von Kapitel 26 der Apostelgeschichte folgen und uns den dreiteiligen Ansatz zunutze machen, den Paulus dort verwendete.

Seine Lebensgeschichte enthält drei sehr klar voneinander abgegrenzte, aufeinander folgende Zeiträume. Während wir uns Paulus' Rede näher anschauen, sollten Sie gleichzeitig Ihre eigene Geschichte und Lebenserfahrungen überdenken. Insbesondere sollten Sie Ihr Leben unter dem Blickwinkel betrachten, wie Sie es in Bezug auf die drei folgenden „Stationen“ erzählen würden: 1. vor ihrer bewussten Entscheidung für den Glauben (VC – Vor Christus), 2. als Sie die konkreten Schritte zu Christus taten (Lebenswende) und 3. das Leben, nachdem Sie Ihr Leben Jesus anvertraut haben (MC – Mit Christus). Die entsprechenden Fragen werden Sie dabei durch diesen Prozess der Selbstreflexion leiten. Ihre Antworten werden Ihnen später in diesem Kapitel als Grundgerüst dienen.

### 1. VC – Vor Christus

Paulus beginnt sein persönliches Zeugnis vor König Agrippa mit einer Beschreibung seines Lebens, bevor er ein Nachfolger Christi wurde (Apostelgeschichte 26,4–11):

*„Mein Leben, wie ich es seit meiner Jugend unter meinem Volk und in Jerusalem geführt habe, ist allen Juden von*

*Anfang an bekannt. Sie kennen mich von früher her und können, wenn sie wollen, bezeugen, dass ich nach der strengsten Richtung unserer Religion gelebt habe. Ich war nämlich Pharisäer. Und wenn ich jetzt vor Gericht stehe, dann nur deshalb, weil ich fest auf die Zusage vertraue, die Gott unseren Vorfahren gegeben hat. Unser Zwölfstämmevolk Israel dient Gott unablässig bei Tag und Nacht in der Hoffnung, endlich die Erfüllung dieser Zusage zu erleben. Und ich, König Agrippa, werde um derselben Hoffnung willen ausgerechnet von Juden angeklagt! Warum wollt ihr Juden es denn nicht glauben, dass Gott tatsächlich einen Toten auferweckt hat? Anfangs allerdings hatte auch ich gemeint, ich müsste dem Bekenntnis zu Jesus von Nazaret mit allen Mitteln entgegentreten. Das habe ich in Jerusalem auch getan. Ausgestattet mit einer Vollmacht der führenden Priester brachte ich viele Christen ins Gefängnis und gab meine Stimme gegen sie ab, wenn sie zum Tod verurteilt wurden. In allen Synagogen habe ich immer wieder versucht, sie durch Auspeitschen dahin zu bringen, dass sie ihrem Glauben abschwören. Mein Hass war so groß, dass ich sie sogar noch über die Grenzen des Landes hinaus verfolgen wollte.*"

Paulus verwendet eine ganz besondere Sprache, die ein lebhaftes Bild von ihm als übereifrigem Pharisäer und gnadenlosem Unterdrücker der Jünger Jesu zeichnet. Wie wichtig solche Schlüsselbegriffe sind, wird daran deutlich, dass sie die Lebenswende klar herausstellen, die Jesus möglich macht, und sie eignen sich auch heute noch, wenn Christen die Geschichte ihres Lebens mit Gott erzählen wollen. Jeder verfügt über gewisse Lebenserfahrungen, bevor er Jesus als seinen Herrn und Erlöser angenommen hat. Die meisten sind zwar nicht so bösartig wie Paulus gewesen, aber wir waren alle verloren. Weil dieser Lebensabschnitt, diese Ära „vor Christus" war, nehmen wir Bezug darauf und bezeichnen Sie als „VC".

Um Ihre Erinnerungen in Bezug auf die VC-Ära etwas anzuregen, können Sie sich nun Schlüsselwörter notieren, die Ihnen bei den folgenden beiden Fragen einfallen.

1. Wie ging es Ihnen persönlich und/oder spirituell, bevor Sie sich für Jesus Christus und den Glauben an ihn geöffnet haben?

2. Was hat Sie dazu veranlasst, eine bewusste Hinwendung zum Glauben zu vollziehen?

## 2. Lebenswende („Bekehrung")

In Apostelgeschichte 26, Verse 12 bis 18 führt Paulus Einzelheiten seiner Hinwendung zum Glauben auf der Straße nach Damaskus auf:

*„In dieser Absicht reiste ich im Auftrag der führenden Priester und mit ihrer Vollmacht nach Damaskus. Auf dem Weg dorthin, mein König, umstrahlte mich und meine Begleiter mitten am Tag ein Licht vom Himmel, heller als die Sonne. Wir stürzten alle zu Boden, und ich hörte eine Stimme auf Hebräisch rufen: ‚Saul, Saul, warum verfolgst du mich? Es ist sinnlos, dass du gegen mich ankämpfst.' ‚Wer bist du, Herr?', fragte ich, und der Herr sagte: ‚Ich bin Jesus, den du verfolgst. Doch steh auf, denn ich bin dir erschienen, um dich in meinen Dienst zu stellen. Du sollst bezeugen, was du heute gesehen hast und was ich dir noch zeigen werde. Ich werde dich beschützen vor den Juden und auch vor den Nichtjuden, zu denen ich dich sende. Gerade ihnen sollst du die Augen öffnen, damit sie aus der Finsternis ins Licht kommen, aus der Gewalt des Satans zu*

*Gott. Denn wenn sie auf mich vertrauen, wird ihnen ihre Schuld vergeben, und sie erhalten ihren Platz unter denen, die Gott zu seinem heiligen Volk gemacht hat.'"*

In diesen Versen gibt Paulus in aller Deutlichkeit wieder, wie er Jesus begegnet ist. Und das tut er auf eine Weise, die klar verständlich ist. Zu beachten ist dabei, dass die Beschreibung eindeutig auf Paulus' Erlebnis gerichtet bleibt und nicht in einen Vortrag über den Heilsplan ausartet. Da diese Ära den Punkt betrifft, an dem Christus in Paulus' Leben kam und dieses verändert, wird sie auch die „Lebenswende" genannt.

Um Ihre Erinnerungen in Bezug auf die Ära „Lebenswende" etwas anzuregen, können Sie sich nun Schlüsselwörter notieren, die Ihnen bei den folgenden beiden Fragen einfallen.

1. Welche Erkenntnis hat Sie schließlich dazu motiviert, Christus nachzufolgen?

2. Was taten Sie ganz konkret, um Christ zu werden?

### 3. MC – Mit Christus

Der dritte Teil der Lebensgeschichte in Apostelgeschichte 26 (Verse 19 bis 22) beschreibt Paulus' Leben nach seiner Hinwendung zum Glauben (Umkehr):

*„Ich habe mich, König Agrippa, dem nicht widersetzt, was diese Erscheinung vom Himmel mir befohlen hatte. Zuerst in Damaskus und Jerusalem und später in ganz Judäa und*

*bei den nichtjüdischen Völkern rief ich die Menschen dazu auf, umzukehren, sich Gott zuzuwenden und durch ihre Lebensführung zu zeigen, dass es ihnen mit der Umkehr ernst ist. Einzig deswegen haben mich die Juden im Tempel ergriffen und zu töten versucht. Aber bis heute hat Gott mir geholfen, und so stehe ich als sein Zeuge vor den Menschen, den hochgestellten wie den ganz einfachen. Ich verkünde nichts anderes, als was die Propheten und Mose angekündigt haben: Der versprochene Retter, sagten sie, muss leiden und sterben und wird als der Erste unter allen Toten auferstehen, um dem jüdischen Volk und allen Völkern der Welt das rettende Licht zu bringen."*

Zwischen dem Paulus in Apostelgeschichte 26, Verse 19 bis 22 und dem Mann, wie er in den Versen 4 bis 11 beschrieben wird, besteht ein himmelweiter Unterschied. Der Gegensatz könnte nicht größer sein. Und darin liegt die Durchschlagskraft eines persönlichen Zeugnisses: Es schildert ein Leben, das sich durch Jesus ganz deutlich verändert hat. Da Paulus den ganz anderen Mann beschreibt, der er wurde, nachdem Jesus sein Leben betreten hat, wird diese Ära auch MC – Mit Christus – genannt.

Um Ihre Erinnerungen in Bezug auf die MC-Ära etwas anzuregen, können Sie sich nun Schlüsselwörter notieren, die Ihnen bei den folgenden beiden Fragen einfallen.

1. Wie hat sich Ihr Leben verändert, nachdem Sie anfingen, Jesus Christus nachzufolgen?

2. Worin liegen die klaren Unterschiede zwischen Ihrem jetzigen Leben (da Sie Christus folgen) und dem Leben „Vor Christus"?

## *Zeugnisse aus unserer Zeit*

Das „VC-Lebenswende-MC"-Schema erfüllte Paulus' Anforderungen sehr gut und dient auch heute noch dem gleichen Zweck. Ich möchte dies gerne anhand zweier Lebensberichte aus der heutigen Zeit veranschaulichen:

### Dennis erzählt seine Geschichte

Im vorherigen Kapitel habe ich meinen Freund Dennis erwähnt. Er leitet jeden Sonntag eine Jungen-Kleingruppe von Zweit- und Drittklässlern und ist fast schon ein Profi geworden, wenn es darum geht, seine Glaubensgeschichte an einzelne oder mehrere Kinder weiterzugeben. Er hat inzwischen eine langjährige Erfahrung und verknüpft auf gekonnte Weise den dreiteiligen Aufbau mit den vier Kommunikationsdynamiken, wie sie in Kapitel 1 beschrieben sind, um den Kindern ein Zeugnis zu geben, das sie sich gerne anhören. Wir können von diesem spritzigen Veteranen eine Menge lernen, um unsere eigene Lebensgeschichte zu entwickeln.

#### *VC – Vor Christus*

„Ich möchte euch eine Geschichte über einen Jungen in eurem Alter erzählen, der immer gerne Baseball, Fußball und Basketball spielte. Nun war er nicht immer der Beste in der Mannschaft und wurde auch nicht immer als Erster in eine Mannschaft gewählt – wenn er aber spielte, gab er alles, was er hatte. Er besuchte auch fast jede Woche den Gottesdienst in der Gemeinde und hörte sehr viele Geschichten aus der Bibel.

Eines Tages hörte er eine Geschichte, in der es darum ging, wie Jesus am Kreuz sterben musste, was er doch gar nicht verdient hatte. So erzählte dieser Junge nach dem Gottesdienst seiner Mutter von dieser Geschichte. Sie fragte ihn, ob er denn mit dem Pastor reden wolle, um mehr über diese Geschichte zu erfahren. Der kleine Junge fand das gut.

Er war etwas nervös, aber er ging trotzdem mit und sprach mit dem Pastor. Er merkte, dass der Pastor wirklich ein ganz netter Mensch war und dass es ganz angenehm war, sich mit ihm zu unterhalten. Der Pastor fragte, ob er schon mal etwas getan hätte, was seine Mutter und sein Vater nicht gutgeheißen hätten. Nun, so ganz abstreiten und den Pastor anschwindeln, wollte der Junge natürlich auch nicht. So bejahte er das. Der Mann erklärte ihm dann, dass diese Dinge das sind, was Gott ‚Sünde' nennt. Und deshalb musste Jesus auch tun, was er getan hatte: damit wir all unsere Sünden loswerden würden. Der Pastor fragte ihn, ob er nun wegen seiner Sünden beten wolle. Und der Junge sagte Ja, aber es war ihm eigentlich ganz schön mulmig dabei. So fing der Pastor an zu beten, aber er merkte, dass der kleine Junge eigentlich gar nicht bei der Sache war, denn er wusste nicht so richtig, wie das mit dem Beten funktioniert. Deshalb bat der Pastor Gott, dem Jungen zu helfen, ihn besser kennenzulernen."

*Lebenswende*

„Nun, dieser Junge ging auch weiterhin eine lange Zeit treu und brav zur Gemeinde. Er spielte auch weiterhin Basketball und tat, was alle Jungs sonst auch so tun, und eines Tages hatte er es zum Mannschaftskapitän seines Basketballteams gebracht. Sein Kleingruppenleiter sah sich eines seiner Spiele an und erklärte danach einer Gruppe von Jungs, dass in der Bibel stehe, dass wir zu Jesus gehen, mit ihm reden und ihn bitten sollen, unser Freund zu werden. Niemand könne das für uns tun. Der Junge erinnerte sich sofort daran, wie er damals bei dem Pastor gesessen und wie dieser mit ihm gebetet hatte, dass er ein Freund Gottes würde. Es wurde ihm klar, dass er Jesus nie wirklich gesagt hatte, dass ihm alles, was er falsch gemacht hatte, leidtäte.

Deshalb betete er gleich an Ort und Stelle mit dem Kleingruppenleiter, damit Jesus sein Freund würde, ihm vergab und damit er ihn eines Tages in den Himmel brächte."

*MC – Mit Christus*

„Von diesem Zeitpunkt an wusste dieser Junge, dass Jesus immer bei ihm sein und er später für immer bei ihm im Himmel sein würde.

Warum ich euch Jungs diese Geschichte erzähle? Weil ich weiß, dass sie stimmt. Ich weiß, dass sie stimmt, weil es meine Geschichte ist. Nachdem ich mit meinem Kleingruppenleiter gesprochen hatte, wusste ich, dass ich nur ein Gebet sprechen musste, um eine echte Freundschaft mit Jesus zu beginnen. Ja, und das tat ich auch. Wenn auch du bereit bist, zu Jesus zu beten, würde ich das gerne mit dir zusammen tun, so wie mein Kleingruppenleiter mit mir gebetet hat. Wenn du aber noch nicht dazu bereit bist, dann ist das auch in Ordnung. Wir können so lange darüber reden, wie du möchtest, und du kannst mir jede Frage stellen."

## Mein Zeugnis

Ich hatte mehrere Gelegenheiten, meine persönliche Geschichte zu erzählen: im Gespräch mit meinen eigenen Kindern, bei unseren Kinderwochenenden und in Gesprächen mit anderen Erwachsenen. Die nächsten drei Abschnitte enthalten die Worte, die ich so ziemlich jedes Mal nach meinem Einleitungssatz „Ich erzähle dir nun mal, was ich erlebt habe" sage.

*VC – Vor Christus*

„Als Kind ging ich jeden Sonntag zur Kirche, wo ich viele Geschichten aus der Bibel hörte. Musstest du auch schon mal viel über eine Sache lernen, hast aber nicht wirklich verstanden, was sie bedeutete? Ich muss gestehen, dass ich nicht einsehen konnte, warum ich mich heute noch mit etwas beschäftigen musste, was mit einigen Leuten vor so langer Zeit passiert war. Und eben wegen dieser Einstellung hatte ich auch immer das Gefühl, dass Gott eigentlich ganz weit weg war und mit meinem Leben nichts zu tun hatte. Dadurch tat ich aber auch viel dummes Zeug, von dem ich wusste, dass es nicht richtig war. Wen kümmerte schon ein Gott, der weit, weit weg war, wenn ich eh nicht erwischt wurde, wenn ich etwas Falsches anstellte? Viele Jahre lang – bis ich 29 war – gab es in meinem Leben viele Höhen, viel Spaß und viel Freude, aber es gab auch schwierige Zeiten."

*Lebenswende*

„Viel später luden Onkel Jim und Tante Sarah meine Mutter und mich in ihre Gemeinde ein. Zuerst gingen wir mit, damit wir eine Gemeinde hatten, wo wir an Weihnachten und Ostern hingehen konnten, da wir noch keine eigene Gemeinde hatten. Es gefiel uns dort so gut, dass wir beschlossen, von da an jede Woche hinzugehen. Eines Sonntags hörte ich dann eine Predigt über Gott, in der es hieß, dass er eine persönliche Beziehung zu jedem einzelnen Menschen haben wollte – sogar zu Leuten wie mir. Zum ersten Mal in meinem Leben verstand ich, was es hieß, eine Beziehung zu Gott zu haben, und das hörte sich recht gut an. Ich hörte, dass ich diese Freundschaft beginnen konnte, indem ich einfach nur zu Jesus betete, was ich dann auch tat."

*MC – Mit Christus*

„Und jetzt? Wie geht es mir jetzt? Ich habe immer noch gute Zeiten und weniger gute Zeiten, aber das ist nicht weiter dramatisch, denn Jesus ist bei mir, egal, was kommt, weil er eben mein bester Freund ist. Ich freue mich, dass ich jeden Tag erleben darf, dass er jemandem wie mir so nahe ist – mich führt, mir hilft und mich liebt. Darüber staune ich und dafür bin ich dankbar."

## *Wie Sie Ihre eigene Geschichte erzählen können*

Zwei Kernpunkte sind wichtig, wenn Sie Ihre eigene Geschichte erzählen: Zum einen sind beide Geschichten, die Sie gerade gelesen haben, kindgerecht gestaltet, würden jedoch, wenn man sie Erwachsenen erzählen würde, abgeändert werden müssen. Wenn ich anderen Erwachsenen von meinem Leben mit Gott erzähle, flechte ich in der Regel weitere Einzelheiten in der VC- und MC-Phase ein, die die Höhen und Tiefen meines Lebens erhellen. Da ich aber meine Bemerkungen durch den Filter der vier Kommunikationsdynamiken passieren lasse – insbesondere, was die Ausschmückung der Geschichte betrifft, die Kinder vielleicht zu sehr ablenken könnte –, wähle ich bei Kindern einen anderen Ansatz. Das Wesentliche an meiner Geschichte bleibt dabei aber unberührt.

Zum anderen fragen sich womöglich diejenigen, die in einem recht frühen Alter zum Glauben gekommen sind, ob auch sie das „VC-Lebenswende-MC"-Schema anwenden können. Wenn das auf Sie zutrifft, haben Sie meines Erachtens sogar einen Vorteil gegenüber denen, die erst später in ihrem Leben zum Glauben an Christus gekommen sind. Die Tatsache, dass Sie in einem jungen Alter die Entscheidung, Christ zu werden, getroffen haben, schafft eine solide gemeinsame Grundlage zu Ihrem Kind. Deshalb sollten Sie

*Diejenigen, die in einem recht frühen Alter zum Glauben gekommen sind, fragen sich womöglich, ob auch sie das „VC-Lebenswende-MC"-Schema anwenden können.*

ruhig auch Bemerkungen einstreuen wie: „Als ich ungefähr in deinem Alter war ...“, „Etwas Tolles ist mir da mal passiert, als ich sechs Jahre alt war ...“ – Sie können auch andere Worte wählen und sich wieder in die Zeit, als Sie ein Kind waren, zurückversetzen und damit die Aufmerksamkeit Ihres Sohnes oder Ihrer Tochter fesseln.

Ob Ihre Geschichte aus der Zeit Ihrer Kindheit stammt oder jüngeren Datums ist, spielt keine Rolle. Was jedoch wichtig ist, ist die Länge der Geschichte. Wenn Sie zum jetzigen Zeitpunkt Ihr Zeugnis schreiben sollen, würde es vielleicht so lange wie bei Dennis und mir oder Apostelgeschichte 26 ausfallen. Vielleicht könnten Sie sich auch gar nicht mehr an alles erinnern. Also, noch nicht aufschreiben! Wir wollen es zuerst noch vereinfachen.

Auch hier hilft uns der Apostel Paulus zum Glück nochmals auf die Sprünge. In Galater 1, Verse 13 bis 17 lässt er uns an einer viel kürzeren Version seiner Geschichte teilhaben:

*„Ihr habt doch gehört, wie entschieden ich früher für die jüdische Religion eingetreten bin. Über alles Maß hinaus verfolgte ich die Gemeinde Gottes und tat alles, um sie zu vernichten. In meiner Treue zum Gesetz übertraf ich viele meiner Altersgenossen in meinem Volk. Leidenschaftlicher als die anderen setzte ich mich für die Befolgung der strengen Vorschriften ein, die die früheren Gesetzeslehrer aufgestellt haben. Aber dann kam es ganz anders. Gott hatte mich ja schon vom Mutterleib an ausgesondert und in seiner Gnade berufen. Und so gefiel es ihm jetzt, mir seinen Sohn zu zeigen, damit ich ihn unter den nichtjüdischen Völkern bekannt mache. Als mir diese Offenbarung zuteilwurde, fragte ich nicht erst Menschen um Rat. Ich ging auch nicht nach Jerusalem zu denen, die schon vor mir Apostel waren, sondern begab mich nach Arabien und kehrte dann wieder nach Damaskus zurück."*

Paulus' Bericht über seine Hinwendung zu Jesus Christus deckt sich mit der Erzählung in Apostelgeschichte 26, wenn er auch etwas gestraffter ist. Um die Übertragbarkeit einer solchen gekürzten Fassung auf unsere heutigen Errettungsgeschichten zu verdeutlichen, werden wir uns die Zeugnisse von Dennis und mir nochmals genauer betrachten, und zwar in einem Vier-Sätze-Schema. Wenn Ihr Kind (oder ein anderer Erwachsener) sich nur kurz konzentrieren kann oder wenn Ihnen nur wenige Augenblicke zur Verfügung stehen, um Ihre Geschichte zu erzählen, dann ist die kompakte Version möglicherweise alles, was Sie in der kurzen Zeit sagen können. Ich habe die Kurzform in vier Sätzen meinen Kindern entschieden häufiger weitergesagt als die lange Version.

*Dennis' Geschichte in gekürzter Form*

1. Als ich noch ein Kind war, ging ich jeden Sonntag zur Kirche und erfuhr alles über Jesus und die Bibel.

2. Selbst der Pastor meiner Kirche betete mit mir dafür, dass ich Jesus nachfolgen würde.
3. Als ich dann älter wurde, machte mir jemand klar, dass ich selbst beten musste, um Jesus nachzufolgen, und ihn bitten musste, mir meine Fehler und all das, was in meinem Leben schiefgelaufen war, zu vergeben, was ich dann auch tat.
4. Und nun weiß ich, dass Jesus mein Freund ist und dass ich eines Tages bei ihm im Himmel sein werde.

*Mein Zeugnis in gekürzter Form*

1. Als Kind ging ich jahrelang zur Kirche und hörte viel von der Bibel, aber es erschien mir nicht so wichtig, und Gott schien mir weit weg zu sein.
2. Als ich 29 Jahre alt war, wurde mir bewusst, dass Gott eine persönliche Beziehung zu allen Menschen haben möchte – auch zu mir.
3. Ich musste nur beten, um meine Freundschaft mit Jesus zu beginnen, was ich auch tat.
4. Und heute kann ich nur staunen, dass ich so mit ihm leben kann, und weiß, dass er nahe bei mir ist – mich führt, mir hilft und mich liebt.

## Sie können es auch

Während der Schulung einer großen Zahl von *Promiseland*-Mitarbeitern bat ich Megan, die noch zur Schule geht und bei uns mithilft, die Geschichte ihrer Umkehr vorzutragen, wie sie sie auch kleineren Kindern erzählt. Die begeisterte Reaktion auf ihre Worte elektrisierte die Zuhörerschaft und bestärkte sie in dem Glauben, dass in der Kürze die Würze liegt. Ich vermute, dass schon allein die Tatsache, dass eine so junge Person seelenruhig ihre Geschichte erzählen konnte, alle davon überzeugte, dass sie auch ihre eigenen vier Sätze formulieren konnten.

1. Ich begann, zu *Promiseland* zu kommen, als ich in der zweiten Klasse war.
2. Ich hatte eine wirklich nette Kleingruppenleiterin, die mir viele Fragen beantwortete.
3. Schließlich – als ich in der vierten Klasse war – gestand ich ein, dass ich viele Dinge getan hatte, die in Gottes Augen nicht in Ordnung sind, und nahm für mich in Anspruch, dass Jesus für meine Schuld gestorben ist.
4. Dann bat ich Jesus, für immer mein Freund zu werden – und das ist er immer noch.

Durch Megan wird uns deutlich, dass es eine ganz einfache Sache sein kann, seinen Weg zum Glauben zu erzählen. Angie Walker von der *First Reformed Church* in Grandville, Michigan, bestätigt uns dies:

*„Durch diese Schulung erkannte ich, wie wichtig es ist, dass ich mein Zeugnis an jeden – ob jung oder alt – weitergebe. Ich stellte auch fest, dass mein Zeugnis nicht kompliziert sein musste – und auch sein durfte. In der Einfachheit liegt die ‚Kraft'."*

Die meisten Menschen sind durchaus in der Lage, sich vier Sätze zu merken. Umso mehr, wenn das Thema sie selbst betrifft. Der erste Schritt besteht darin, dass Sie sich Bleistift und Papier zurechtlegen. Nachdem Sie dann das Kapitel zu Ende gelesen haben, schreiben Sie einmal vier Sätze auf, die schlaglichtartig beleuchten, wie Sie Christ geworden sind.

Beginnen Sie mit den Schlüsselworten zu jeder Lebensstation, die Sie bereits notiert haben. Fügen Sie je nach Bedarf noch einzelne Punkte hinzu. An dieser Stelle sollten Sie Ihr Augenmerk jedoch darauf richten, vier Sätze zu formulieren, die Ihnen leicht wieder einfallen, wenn es darauf ankommt. Wenn Sie das einmal getan haben, können Sie

Ihr Zeugnis zu jeder Zeit weitergeben. Und da die meisten Menschen heute nur noch eine kurze Aufmerksamkeitsspanne haben, ist die Zeit für die vier Sätze vielleicht alles, was Sie noch bekommen. Legen Sie daher alles hinein, was Sie nur können, und schreiben Sie Ihr Zeugnis prägnant auf. Am Ende des Kapitels finden Sie weitere Beispiele zum Vier-Sätze-Schema.

### *Filter*

Vergessen Sie dabei nicht, die vier Kommunikationsdynamiken aus dem vorangegangenen Kapitel zu berücksichtigen, um die Sprache, mit der Sie Ihre Geschichte erzählen, kinderfreundlich zu halten. Die folgenden Fragen sollen Ihnen dabei helfen, Ihre Geschichte durch den Filter dieser Dynamiken zu filtern, bevor Sie dann im Anschluss Ihre Geschichte aufschreiben.

VC

1. „Kann mein Kind diese Lebenssituation nachvollziehen?" Wenn nicht, vereinfachen Sie Ihre Geschichte.
2. „Wird mein Kind durch meine sündhafte Vergangenheit oder die Einzelheiten zu meinem früheren Lebensstil abgelenkt?" Wenn ja, formulieren Sie diesen Teil neu oder streichen Sie ihn.

Lebenswende

1. „Wird deutlich, dass ich einen ganz praktischen Schritt gegangen bin, als ich Jesus Christus in mein Leben einlud?" Falls nicht, denken Sie nochmals gezielt darüber nach.
2. „Ist das, was ich tat, verständlich und für ein Kind nachvollziehbar?" Wenn nicht, formulieren Sie es um.

MC

1. „Ist die Veränderung, die sich durch Jesus Christus in meinem Leben vollzogen hat, leicht zu verstehen?" Falls nicht, beschreiben Sie die Veränderung mit anderen Worten oder berichten Sie von einer anderen Veränderung.
2. „Vermittle bzw. beschreibe ich meinem Kind klar und deutlich, wie mein Leben als Christ aussieht?" Falls nicht, vereinfachen Sie Ihre Beschreibung. Verwenden Sie dafür Worte, die Kinder vielleicht sagen würden, wenn sie Aspekte aus ihrem Leben beschreiben.

*Feinschliff*

Um Ihrer Geschichte weiter Nachdruck zu verleihen, sollten Sie sich an Paulus' kürzestes Zeugnis in seinem Brief an die Galater orientieren (Galater 1,23: „Sie hatten nur gehört: ‚Der Mann, der uns verfolgte, verkündet jetzt den Glauben, den er früher ausrotten wollte!'"). Mit einigen wenigen Worten gibt Paulus zu, dass er früher immer die Gemeinde verfolgt hat und nun selbst ihren Glauben verkündet. Oder schauen wir uns den Mann an, der den Menschen erzählt, dass er blind geboren wurde, aber nun sehen kann (Johannes 9). Beide „Ein-Satz-Beschreibungen“ geben den frappierenden Unterschied zwischen dem Leben „Vor Christus“ und „Mit Christus“ wieder. „Verfolgen“ wird zu „verkünden“. „Blind“ wird zu „sehen“. Warum? Jesus bewirkte den Unterschied. Bauen Sie Ihre persönliche Geschichte so auf, dass sie ebenso nachvollziehbare Lebensveränderungen erkennen lässt!

*Bauen Sie Ihre persönliche Geschichte so auf, dass sie nachvollziehbare Lebensveränderungen erkennen lässt!*

Um Ihre Geschichte zu strukturieren und ihr den nötigen Feinschliff zu verpassen, sodass Sie sie in vier leicht zu merkenden Sätzen wiedergeben können, bedarf es einiger Anstrengung. Und es erfordert etwas Zeit. Wenn Sie Ihren Glaubensweg prägnant schildern, wird Ihre eigentliche Botschaft klar. Ein Zuviel an Beschreibung und Herumreden wird das Eigentliche vernebeln. Philippe de Commynes, ein burgundisch-französischer Geschichtsschreiber des späten 15. Jahrhunderts, merkte dazu treffend an: „Man bereut nie, zu wenig, aber häufig, zu viel gesagt zu haben.“[3]

### *Der Nutzen*

Wenn Ihnen die vier Sätze in einem günstigen Moment wieder einfallen, werden sich die Anstrengungen, die Sie jetzt investieren, gelohnt haben: für Sie selbst und für denjenigen, der Ihnen zuhört. Peggy Rice, die einige der Konzepte dieses Buches an Christen in Wisconsin weitergibt, sieht in dieser Übung eine „vertrauensbildende Maßnahme“:

*„Wenn ich meinen persönlichen Glaubensweg in vier Sätze gekleidet habe, hilft mir dies dabei, diese ganze Sache mit*

*dem ‚Zeugnisgeben' zu ‚entmystifizieren'. Ich finde es ganz irre, wenn ich Frauen erklären kann, dass sie sich nicht davon abschrecken lassen dürfen, ‚ihr Zeugnis aufzuschreiben'. Und dass sie lediglich die Geschichte ihrer Beziehung zu Jesus zu Papier bringen müssten. Dann ermutige ich sie noch, dies in knappen vier Sätzen zu tun, sodass es auch ihr Kind verstehen könnte. Das Wort ‚Zeugnis' an sich kann schon ein scheinbar unüberwindliches Hindernis darstellen. Wenn wir dann aber darüber sprechen und deutlich machen, dass es einfach nur um die Geschichte geht, was Gott in ihrem Leben tut oder getan hat, wird die Sache schon einfacher."*

George Barna beschreibt den Nutzen, den man daraus zieht, folgendermaßen: „Wenn Eltern auf prägnante Weise ein zwingendes Ereignis in ihrem Leben beschreiben, das in eine persönliche Veränderung gemündet hat, fällt es Kindern wahrscheinlich leichter, wertvolle Einsichten aus der Geschichte zu ziehen."[4]

Seit unsere Familie von ihrem Ausflug nach *Disney World* zurückgekehrt ist, haben uns viele Freunde auf diesen Trip angesprochen: was uns daran gefallen hätte, was wir das nächste Mal besser machen würden und ob *Space Mountain* wirklich so aufregend sei. All diese neugierigen Leute scheinen die Geschichten, die wir über unseren Besuch zu erzählen haben, zu beherzigen. Einige gehen sogar so weit, dass sie sich vorgenommen haben, unseren Aktivitäten noch eines draufzusetzen und den Strategien zu folgen, die wir ihnen empfehlen. Wir brauchten gar kein Buch über unsere Erlebnisse zu schreiben. Wir mussten lediglich sagen: „Das haben wir erlebt."

Es gibt einfach nichts, das ein persönliches Zeugnis ersetzen könnte.

Und der erste Schritt auf dem Weg zu Ihrem Zeugnis ist nur vier einfache Sätze entfernt.

## Kurz nachgedacht

1. Schreiben Sie Ihre Geschichte auf!

   **Meine Geschichte**

   1. ______________________________
   ______________________________
   ______________________________
   ______________________________

   2. ______________________________
   ______________________________
   ______________________________
   ______________________________

   3. ______________________________
   ______________________________
   ______________________________
   ______________________________

   4. ______________________________
   ______________________________
   ______________________________
   ______________________________

2. Lesen Sie sich Ihre vier Sätze laut vor und stoppen Sie die Zeit. Sollte Ihr Zeugnis länger als eine Minute sein, würde ich Ihnen empfehlen, die Satzlänge zu verkürzen.

3. Tragen Sie Ihre vier Sätze zumindest zwei anderen Erwachsenen vor. Bitten Sie um Rückmeldung, ob Ihre Aussagen klar und deutlich waren. Ändern Sie sie gegebenenfalls ab.

## Zusätzliche Beispiele für Zeugnisse in vier Sätzen

Peggy (Madison, Wisconsin)

1. Bevor ich Christ wurde, ging ich zur Sonntagsschule und kam auch immer gut mit meiner Schwester und meinen Freundinnen aus, denn ich war ein braves, nettes Mädchen.
2. Aber ich lernte aus der Bibel, dass ich nicht in den Himmel kommen würde, nur weil ich ein gutes Kind war.
3. Deshalb bat ich Jesus, mir die falschen Dinge zu vergeben, die ich trotz allem getan hatte, und für immer mein Freund zu sein.
4. Und nun weiß ich, dass ich eines Tages für immer mit Jesus im Himmel sein werde, dass Jesus immer bei mir sein und mir jeden Tag helfen wird und ich mehr über ihn lernen kann, wenn ich die Bibel lese und zu ihm bete.

Angie (Grandville, Michigan)

1. Als Kind ging ich immer in die Kirche und in die Sonntagsschule, aber lebte nicht so, wie Jesus es von mir wollte.
2. Als ich in der fünften Klasse war, passierte mir etwas Schreckliches, und ich fühlte mich ziemlich einsam.
3. Mir wurde daraufhin bewusst, dass der einzige Weg, wie ich diese schreckliche und einsame Zeit überstehen konnte, der war, Jesus in mein Leben einzuladen.
4. Seither fühle ich mich nicht mehr einsam oder ängstlich, denn ich weiß, dass Jesus mein Freund und immer bei mir ist.

**Gary (Peoria, Illinois)**

1. Meine Eltern liebten mich so sehr, dass sie mich jede Woche mit in die Gemeinde nahmen.
2. Viele Jahre lang hörte ich, dass Jesus mein Freund sein wollte.
3. Eines Abends wurde mir klar, dass ich Jesus in mein Leben einladen musste, damit er wirklich mein Freund würde. Meine Mutter betete deshalb mit mir.
4. Nun lebe ich jeden Tag in dem Bewusstsein, dass Jesus mein Freund ist und ich für immer mit ihm leben werde.

**Alistair (Cape Town, Südafrika)**

1. Ich habe immer zu viel geflucht, anderen Menschen gegenüber keinen Respekt gezeigt und bin nicht zur Kirche gegangen.
2. Letztes Jahr wurde ich einmal von Freunden zum Gottesdienst eingeladen, was mir wirklich gut gefallen hat.
3. Mir wurde bewusst, dass mein Leben bislang nicht in Ordnung gewesen war und dass ich mich ändern musste, und so lud ich Jesus in mein Leben ein.
4. Seit ich das getan habe, ist mein Leben besser geworden, denn ich habe mehr Freunde, ich behandle andere mit mehr Achtung, und ich sage nicht unbedacht irgendwelche Dinge daher.

*Kapitel 3*

# *Seine Geschichte – die Gute Nachricht*

Einige Pläne erscheinen einfach zu gut, um wahr zu sein. Meinem Sohn Scott kam das wahrscheinlich jedenfalls immer so vor, wenn er hörte, dass wir einen beliebten Vergnügungspark nördlich von Chicago besuchen würden. Für ihn enthielt die Information immer die Botschaft: „Heute werden wir Eltern alles tun, was du willst – und du kannst heute tun und lassen, was du willst."

Scott liebte es, jedes Jahr diese Worte zu hören. Das Leben von Kindern wird oftmals von der Tatsache bestimmt, dass sie sich zwischen lauter Dingen entscheiden müssen, ob es nun darum geht, zu schaukeln oder Schlitten zu fahren, Nutella, Erdnussbutter oder Marmelade zu essen, die Hausaufgaben vor oder gleich nach dem Essen zu erledigen etc. Versetzen wir uns also in die folgende Situation: Das Kind hat die Möglichkeit, eine riesige Spielwiese mit den irresten, coolsten Dingen zu betreten, die Kinderaugen je gesehen haben – und die Eltern sind dabei und schenken einen ganzen Tag lang ihrem Kind die volle Aufmerksamkeit, das wiederum an diesem Tag bestimmen darf, was gemacht wird. Mir war klar, dass der einmalige Eintrittspreis alle Fahrpreise der Attraktionen mit einschloss – ein größeres finanzielles Risiko meinerseits war also ausgeschlossen. Oder etwa doch nicht?

In diesem Jahr trudelten wir gegen 9:45 Uhr am Park ein und stürmten durch die Tore, als der Park um 10 Uhr geöffnet wurde. Im Park angelangt, verkündete Scott, der an diesem Tag das Heft in der Hand hielt, unsere erste Freizeitbeschäftigung – und ab ging die Post. Zehn Minuten später setzten wir uns. An einen Tisch. Um eine Waffel mit Eiscreme zu essen. Aber nicht nur eine x-beliebige Waffel – sondern ein 7-Dollar-Supereiscreme-Sonderexemplar, das fast schon so groß war wie mein Schädel! Ich überflog schnell die Preise der anderen Speisen, von denen ich wusste, dass er sie besonders gern mochte, und rechnete mir aus, dass der finanzielle Ruin durchaus im Bereich des Möglichen lag – bis Mittag würden wir ihn in etwa erreicht haben. Ich musste meine kleinen grauen Zellen also schnell in Bewegung setzen, denn es bestand durchaus die Gefahr, dass mein Portemonnaie genauso schnell wegschmelzen würde wie die Eiscreme. Dann kam mir die glorreiche Idee: Ich musste seinen Appetit irgendwie zügeln.

„Das ist wohl die größte Eiswaffel der Welt“, meinte ich. „Meinst du, wir schaffen es, sie komplett zu verputzen?“ Gesagt, getan. Die nächste halbe Stunde waren wir beschäftigt. Ich achtete darauf, dass Scott das Meiste davon abbekam. Und nach einer heldenhaften Anstrengung, der über 20 Servietten zum Opfer fielen, erklärten wir die Eiswaffel zum Sieger, denn sie war immer noch mit einem Gegenwert von ungefähr 2 Dollar an Vanille-Schoko-Eis gefüllt. Vielleicht müsste man eher sagen: Mitgewinner! Ich teilte mir nämlich mit ihr den Sieg, denn Scott konnte in den nächsten zwei Stunden nichts mehr in sich hineinschaufeln und so meinen Geldbeutel womöglich schröpfen.

Warum ich diese Geschichte erzähle? Sicherlich nicht, um über mögliche Risiken und Tücken aufzuklären, denen Eltern zum Opfer fallen könnten, wenn sie ihren Kindern erlauben, in puncto Ernährung eigene Entscheidungen zu treffen. Und auch nicht, um einige Takte über unseren Umgang mit Geld zu sagen. Worum es mir geht: Scott erfuhr von unserem großartigen Plan und entschied, diesen weidlich auszunutzen. Dazu musste er zunächst meine Ausführungen zu unserem Plan verstehen und dann überlegen, wie er ihn für sich persönlich umsetzen und dabei möglichst viel für sich herausholen konnte.

## *Kinder hören vom tollsten Plan*

Auf ähnliche Weise müssen wir unseren Kindern von dem tollsten Plan überhaupt erzählen – der Guten Nachricht von der Rettung durch Jesus Christus. Und auch wenn dieser Plan erwachsenen Christen völlig einleuchtet, kann es eine große Herausforderung darstellen, diesen auf eine Weise zu erklären, dass die eigenen Söhne und Töchter ihn verstehen und in ihrem Leben anwenden. Wenn man sich nicht vorher darüber Gedanken gemacht und sich darauf vorbereitet hat, dann hört sich die Erklärung von Gottes Rettungsplan für Kinder unter Umständen wie Fachchinesisch an.

*Und auch wenn Gottes Plan erwachsenen Christen völlig einleuchtet, kann es eine große Herausforderung darstellen, diesen auf eine Weise zu erklären, dass die eigenen Söhne und Töchter ihn verstehen und in ihrem Leben anwenden.*

Vor einigen Jahren nahmen meine Frau und ich an einem missionarischen Kurzeinsatz in einem Waisenhaus in Baja California, Mexiko, teil. Jeden Tag schlossen wir uns einem Kinder-Evangelisations-Team an, das Camps aufsuchte, in denen Kinder lebten, deren ältere Geschwister und Eltern als Erntehelfer in den umliegenden Tomatenfeldern arbeiteten.

Diese Kinder blieben während dieser Zeit sich alleine überlassen. Sie sahen daher mit leuchtenden Augen die Heim-Busse heranrollen, in denen Erwachsene saßen, die einzig und alleine darum unterwegs waren, um sie zu besuchen.

Leider konnte ich nur so viel Spanisch, dass ich einige Fragen zu ihrem Alter und dem Weg zur nächsten Toilette stellen konnte. Bedingt durch diese sprachliche Barriere bestand meine Aufgabe lediglich darin: 1. den Bus zu fahren, 2. Vorräte heranzuschaffen, 3. einen kleinen Platz für die Kinderstunde herzurichten und 4. die Kinder auf mir herumturnen zu lassen. O ja! Und dazu zu lächeln! Nach wenigen Minuten wusste ich schon das Alter von jedem Kind und wo die entsprechenden Lokalitäten zu finden waren. Danach übernahmen die eigentlichen Referenten das Programm.

„Jesus ist bereit, immer bei dir zu sein" ist eine tröstliche Botschaft für Kinder, die jeden Tag sich selbst überlassen sind, bis sie alt genug sind, um auf den Feldern zu arbeiten. Aber in Anbetracht der Zuhörerschaft wäre mir selbst im Traum nie eingefallen, Jesu Botschaft auf Englisch weiterzugeben. Diese Kinder mit den aufgeweckten, leuchtenden Augen mussten sie in Worten hören, die sie persönlich verstehen konnten. Genauso sind wir als Eltern herausgefordert, die tollste Botschaft der Welt mit Worten zu erklären, die für unsere Kinder Sinn ergeben.

## *Grundlagen für das Eltern-Kind-Gespräch*

Glücklicherweise müssen Sie keine weitere Fremdsprache lernen, um Ihren Kindern den Rettungsplan nahezubringen. Vielmehr werden wir – genauso wie Sie sich im vorherigen Kapitel damit beschäftigt haben, Ihre Geschichte zu erzählen – in diesem Abschnitt daran arbeiten, die

Grundlagen für das Gespräch mit dem Kind zu legen und auszubauen. Dazu bedarf es einfacher und bekannter Ausdrücke. Zwei Dinge sind demnach nötig: Zum einen müssen Sie wissen, welche Geschichte Sie erzählen wollen. Zum anderen müssen Sie die richtigen Worte wählen.

## Welche Geschichte wollen wir erzählen?

Eines Morgens ergab sich zwischen Shari und ihrem sechsjährigen Sohn Nicky ein Gespräch am Frühstückstisch. Er stellte sich gerade sein Müsli zusammen und erzählte ihr währenddessen seinen faszinierenden Traum von der Nacht zuvor. Wie das bei Kindern so oft der Fall ist, nahm das Gespräch eine andere unverhoffte Wendung und landete schließlich bei Jesus. Shari berichtete später: „Ich führte mit Nicky ein tolles Gespräch über Gott und Jesus Christus. Darüber, dass wir, wenn wir sein Geschenk annehmen, nie mehr daran zweifeln müssen, ob wir wirklich zu ihm gehören."

Auch wenn es noch ein langer Weg werden sollte, Shari bemühte sich, diese Gelegenheit so gut wie möglich zu nutzen. Aber was wäre, wenn Sie an diesem Morgen in ihrer Haut gesteckt hätten? Hätten Sie ebenfalls gewusst, was Sie und wie Sie es beim Frühstück dem kleinen Nicky beibringen sollten?

Wenn Sie einmal im nächsten christlichen Buchladen oder Internet nachschauen, werden Sie auf jede Menge Bücher, Videos und Webseiten stoßen, die sich darüber auslassen, was es heißt, Christ zu sein. Sie können diese Bücher und Materialien zwar im Gespräch mit Erwachsenen einsetzen, für die Kommunikation mit einem Kind bedarf es aber einer anderen Methode – insbesondere im Hinblick auf die typischerweise kurze Aufmerksamkeitsspanne des Kindes. Das kurze Zeitfenster, die kurze Gelegenheit, das Interesse eines Kindes anzusprechen, öffnet und schließt sich schneller, als man denkt. Deshalb stellt sich Ihnen die

Herausforderung, die grundlegenden Glaubensüberzeugungen parat zu haben, damit Sie sie in ein bis zwei Minuten weitersagen können. Manchmal haben Sie mehr Zeit, oft aber auch weniger. Aber gleichgültig, wie viel Zeit Ihnen denn nun bleibt, Ausgangspunkt ist das Wissen um die Grundlagen des Glaubens.

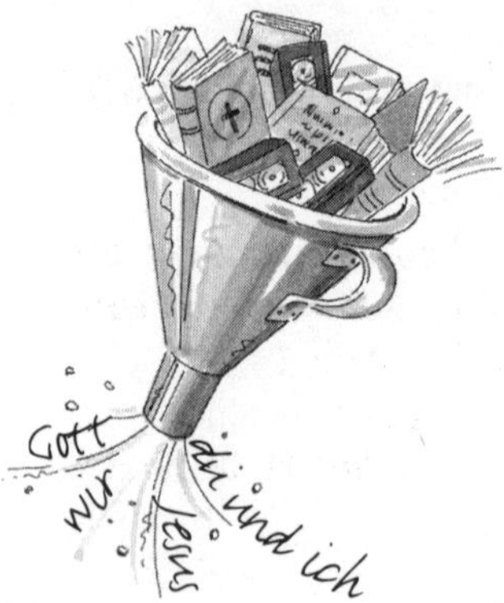


Der Schulungskurs „So wird Ihr Christsein ansteckend", in dem man lernt, seinen Glauben weiterzugeben, geht von den vier Kernpunkten des Evangeliums aus. Daher gilt es, sich diese immer wieder ins Gedächtnis zu rufen:

1. Gott
2. wir
3. Jesus
4. du und ich

Die vier Komponenten von Gottes Geschichte helfen Ihnen, die Botschaft weiterzugeben, wann immer und wo auch immer sich Ihnen die Möglichkeit bietet. Landläufige Illustrationen des Evangeliums wie das Bild von der Brücke, das wortlose Buch und andere sind von ihrem eigentlichen Ansatz her geschickte Methoden zur Vermittlung ein und derselben Botschaft. Craig Jutila, Kinderpastor in der *Saddleback Church* in Lake Forest, Kalifornien, trifft mit seinem Ausspruch den Nagel auf den Kopf: „Die Botschaft ist immer dieselbe, nur die Methode ändert sich."[1]

Bevor wir uns allerdings der Methode zuwenden, wollen wir uns zunächst – Stück für Stück – noch einmal die Botschaft vor Augen führen:

### 1. Gott – heilig, liebend, gerecht

Gott ist ein heiliger Gott, in jeder Hinsicht *vollkommen.* Auf nichts anderes auf der Welt lässt sich der Begriff „vollkommen" anwenden. Alles andere muss im Vergleich zu Gott verblassen. Und doch hat er die Menschen dazu geschaffen, so zu sein wie er, in der Erwartung, dass auch sie heilig und vollkommen sein sollten.

„*Ihr sollt heilig sein; denn ich, der Herr, euer Gott, bin heilig*" (3. Mose 19,2).

Er ist ein *liebender* Gott, der jeden von uns mehr liebt, als wir uns das vorstellen können. Gott hat Liebe überhaupt erst in diese Welt gebracht.

„*Wir lieben, weil Gott uns zuerst geliebt hat*" (1. Johannes 4,19).

Er ist ein *gerechter* Gott, deshalb kann er nicht einfach wegsehen und die Sünde ignorieren.

„*Der Herr sagt: ‚Ich liebe Gerechtigkeit und hasse Raub und Unrecht*'" (Jesaja 61,8; HFA).

### 2. Wir – Sünder

Alle Menschen übertreten die Gebote, die Gott uns gegeben hat. Das nennt man auch *Sünde.* Und verglichen mit Gottes herrlichem Maß an Perfektion zeichnet die Sünde ein hässliches Bild von einem Menschen.

„*Alle sind schuldig geworden und haben die Herrlichkeit verloren, in der Gott den Menschen ursprünglich geschaffen hatte*" (Römer 3,23).

Für die Schuld, die jeder Mensch auf Grund seiner Sünde anhäuft, gibt es nur eine einzige *angemessene Bezahlung*, und das ist der Tod – sowohl körperlich als auch geistlich gesehen. Dieser geistliche Tod ist die ewige und völlige Trennung von Gott.

„*Der Lohn, den die Sünde zahlt, ist der Tod*" (Römer 6,23).

Gleichgültig, wie sehr wir es auch versuchen – wir können nie ein zufriedenstellendes *Opfer* bringen, um all unsere Sünden auszumerzen. Aber einer muss es tun.

„*‚Was soll ich mit euren vielen Opfern?', fragt der Herr*" (Jesaja 1,11).

**3. Jesus – Mensch gewordener Gott, der für unsere Schuld bezahlte**

Jesus Christus ist *Mensch gewordener Gott*, der auf der Erde lebte.

„*Am Anfang war das Wort. Das Wort war bei Gott und in allem war es Gott gleich. ... Er, das Wort, wurde ein Mensch, ein wirklicher Mensch von Fleisch und Blut*" (Johannes 1,1.14).

Obwohl er nie eine Sünde begangen hat, starb Christus *stellvertretend* für uns. Bewusst nahm er die Strafe für die Vergehen, die wir verübt haben, auf sich. Auf Jesu aufopferungsvolle Kreuzigung folgte seine Auferstehung, was verdeutlicht, dass er die Macht über den Tod hat. Christsein ist Glaube an jemanden, der noch lebt.

„*Wie sehr Gott uns liebt, beweist er uns damit, dass Christus für uns starb, als wir noch Sünder waren*" (Römer 5,8).

*„Ich bin der Lebendige! Ich war tot, doch nun lebe ich in alle Ewigkeit. Ich habe Macht über den Tod und die Totenwelt“* (Offenbarung 1,18).

Und Jesus Christus als unser Retter bietet uns als *freies Geschenk* völlige Vergebung für all unsere Schuld an.

*„Alle sind schuldig geworden und haben die Herrlichkeit verloren, in der Gott den Menschen ursprünglich geschaffen hatte. Ganz unverdient, aus reiner Gnade, lässt Gott sie vor seinem Urteil als gerecht bestehen – auf Grund der Erlösung, die durch Jesus Christus geschehen ist“* (Römer 3,23–24).

*„Eure Rettung ist wirklich reine Gnade und ihr empfangt sie allein durch den Glauben. Ihr selbst habt nichts dazu getan, sie ist Gottes Geschenk“* (Epheser 2,8).

**4. Du und ich – wir müssen das Geschenk nur annehmen**

Das freie Geschenk der Erlösung muss durch eine *persönliche Antwort* auf das Evangelium angenommen werden. Wir müssen Jesus einladen, unser Freund und Retter und Herr unseres Lebens zu sein.

*„Wenn ihr also mit dem Mund bekennt: ‚Jesus ist der Herr‘, und im Herzen glaubt, dass Gott ihn vom Tod auferweckt hat, werdet ihr gerettet“* (Römer 10,9).

*„Darum achtet genau auf eure Lebensweise! Lebt nicht wie Unwissende, sondern wie Menschen, die wissen, worauf es ankommt. ... Seid also nicht uneinsichtig, sondern begreift, was der Herr von euch erwartet“* (Epheser 5,15.17).

In dem Augenblick, in dem wir ihn in unser Leben einladen, werden wir in *Gottes Familie* aufgenommen.

*„Aber allen, die ihn aufnahmen und ihm Glauben schenkten, verlieh er das Recht, Kinder Gottes zu werden"* (Johannes 1,12).

Durch Jesu Gegenwart findet eine *geistliche Veränderung* in uns statt.

*„Wenn also ein Mensch zu Christus gehört, ist er schon ‚neue Schöpfung'. Was er früher war, ist vorbei; etwas ganz Neues hat begonnen"* (2. Korinther 5,17).

## Verwenden Sie die richtigen Worte

Die Erklärung der Guten Nachricht im vorangegangenen Abschnitt würde – auch wenn sie für einen Erwachsenen völlig verständlich wäre – auf Grund meiner Wortwahl nicht von jedem Kind verstanden werden, obwohl ich bereits versucht habe, sie möglichst einfach zu halten. Es gibt immer noch zu viele abstrakte Begrifflichkeiten. Ebenso wäre die Sprache zu blumig und würde zu schnell an den Kinderohren vorbeisausen.

Die Botschaft des Evangeliums neu formulieren? Ist das denn rechtens? Ja. Unsere Sprache bietet uns die Möglichkeit, Dinge mit anderen Worten auf eine Weise zu erläutern, die den Bedeutungsgehalt nicht verändert. Meiner Frau und mir war es sehr wichtig, dass wir die Gute Nachricht erklären konnten, weil wir hofften, dass unser Sohn und unsere Tochter eine lebensverändernde Entscheidung treffen, nachdem sie verstanden haben, worin Gottes Plan besteht, und daran glauben. Wenn wir keine kindgerechte Sprache verwenden, ist jede Erklärung des Rettungsplanes vermutlich von vornherein zum Scheitern verurteilt. Selbst die alt bewährte Erklärung mit der Brücke wäre dann nur eine komische Strichzeichnung und das wortlose Buch würde auf unschuldig taube Ohren stoßen. Das Verständnis eines komplexen Vokabulars sollte keine Vorbedingung für das freie Geschenk der Gnade sein. Lukas spricht von der Notwendigkeit – und dem Nutzen –, den Rettungsplan in einer Sprache zu verkünden, die die zuhörende Zielgruppe im Blick hat: „In Ikonion gingen Paulus und Barnabas zuerst wieder in die Synagoge und predigten dort so überzeugend, dass viele – Juden wie Griechen – zu glauben begannen" (Apostelgeschichte 14,1; HFA). Das ursprünglich an dieser Stelle verwendete griechische Wort bedeutet übersetzt: „sprachen in einer Weise". Paulus veränderte die Bedeutung der Guten Nachricht nicht. Er änderte lediglich die verbale Ausdrucksform, um sich auf seine Zuhörer einzustellen. Die Worte „viele Juden wie Griechen" deuten an, dass dieser Ansatz beträchtlichen Erfolg hatte.

*Die Botschaft des Evangeliums neu formulieren? Ist das denn rechtens? Ja. Unsere Sprache bietet uns die Möglichkeit, Dinge mit anderen Worten auf eine Weise zu erläutern, die den Bedeutungsgehalt nicht verändert.*

Im 1. Korintherbrief macht Paulus deutlich, dass dieser Ansatz, bei dem nur die Art und Weise verändert wird, für ihn zu einer bewusst eingesetzten Strategie wurde, die weit über Ikonion hinaus Schule machte:

*„Wenn ich mit Juden zu tun hatte, lebte ich wie ein Jude, um sie für Christus zu gewinnen. Unter ihnen, die von der Befolgung des Gesetzes das Heil erwarten, lebte auch ich nach den Vorschriften des Gesetzes, obwohl ich selbst das Heil nicht mehr vom Gesetz erwarte – und das nur, um sie für Christus zu gewinnen. Wenn ich dagegen mit Menschen zu tun hatte, die nichts vom Gesetz wissen, lebte auch ich nicht nach dem Gesetz, obwohl ich doch vor Gott nicht ge-*

*setzlos lebe; ich stehe ja unter dem Gesetz, das Christus gegeben hat – und auch das tat ich, um sie für Christus zu gewinnen. Und wenn ich mit Menschen zu tun hatte, deren Glaube noch schwach war, wurde ich wie sie und machte von meiner Freiheit keinen Gebrauch – nur um sie für Christus zu gewinnen. Ich stellte mich allen gleich, um überall wenigstens einige zu retten. Das alles tue ich für die Gute Nachricht, damit ich selbst Anteil bekomme an dem, was sie verspricht*" (1. Korinther 9,20–23).

Das Evangelium, das Paulus im 1. Jahrhundert den Einwohnern von Ikonion, dem heutigen Konya (Türkei), weitergab, ist die gleiche Gute Nachricht, die wir heute im 21. Jahrhundert an unsere Kinder weitergeben. Und genauso, wie es damals zu Zeiten von Paulus wichtig war, wie diese Botschaft vermittelt wurde, so sollen wir auch heute noch darauf achten, welche Worte wir verwenden.

## *Sich kindgerecht ausdrücken*

Zunächst einmal möchte ich die Schlüsselworte aus der vierteiligen Beschreibung des Evangeliums herausarbeiten. Dann geht es um das Aufspüren kindgerechter Ausdrücke, die gleichzeitig die biblische Botschaft als solche unberührt lassen. Zur Erleichterung finden Sie nachfolgend eine Liste kindgerechter Ausdrücke, die einigen gängigen Ausdrücken, die häufig von Erwachsenen benutzt werden, eine gewichtige und doch einfache Bedeutung verleihen. Die rechte Spalte ist jedoch der linken Spalte nicht genau zugeordnet. Nehmen Sie sich also einen kleinen Augenblick Zeit, und ziehen Sie zwischen den Ausdrücken Linien, die zusammengehören. Es folgt noch eine Tabelle mit der genauen Erklärung der gängigen Ausdrücke.

| Gängiger Ausdruck | Kindgerechter Ausdruck |
| --- | --- |
| 1. Sünde | A. Ärger bekommen, ausgeschimpft werden usw. |
| 2. Strafe | B. „Bitte ihn, dir zu vergeben und von nun an immer dein Freund zu sein.“ |
| 3. Kreuz | C. keine netten, sondern falsche Dinge |
| 4. Retter | D. blieb nicht tot |
| 5. Auferstehung | E. jemand ist bereit, den Ärger und die Strafe, die du eigentlich bekommen müsstest, auf sich zu nehmen |
| 6. Jesus einladen | F. das tun, was Jesus sagt, ihn bitten, uns zu helfen, das Richtige zu tun |
| 7. Herr und Erlöser sein | G. starb einen ganz schlimmen Tod an einem Kreuz |

Bitte beachten Sie, dass die kindgerechten Ausdrücke die gleiche Bedeutung transportieren wie die gängigen Ausdrücke. Der einzige Unterschied besteht darin, dass dabei Worte aus dem Alltagsgebrauch benutzt werden, die den jungen Zuhörer im Blick haben. Sie werden mir vermutlich beipflichten, dass es sich für Ihren Sohn etwas brutal anhören würde, wenn Sie ihm von dem Blut des Lammes erzählen, das die Sünden wegwischt. Wenn Sie hingegen Ihrer Tochter erzählen, dass Jesus bereit ist, den Ärger und die Strafe, die sie eigentlich verdient hätte, auf sich zu nehmen, kann es sein, dass Sie ihre Aufmerksamkeit eher fesseln. Auch hier bleibt die Bedeutung wiederum dieselbe. Was sich ändert, ist lediglich die Art und Weise, wie etwas zum Ausdruck gebracht wird. Und vielleicht ändert sich als Folge obendrein noch ein Leben.

Der gesunde Menschenverstand gebietet es, dass jedes Alter eine unterschiedliche Wortwahl erfordert. Der Schlüssel zum Erfolg ist Ihre Bereitschaft, religiös klingende Worte aus dem Fenster zu werfen und Ihre Terminologie anzupassen. Denken Sie einmal einen Augenblick darüber nach! Bitten Sie Gott, dass er Ihnen neue Worte ins Gedächtnis ruft. Sie brauchen nur ein paar, um Ihrem Sohn oder Ihrer Tochter die Geschichte – *seine* Geschichte – klarzumachen. Wie alt sind Ihre Kinder? Welche kulturellen Gegebenheiten sollten Ihre Wortwahl bestimmen? Erstellen Sie eine Liste mit Ausdrücken und Wendungen, die vermutlich gut bei Ihren Kindern ankommen.

Ein Team von Lehrenden aus unserer Arbeit mit Kindern hat die folgende Liste zusammengestellt. Sie kann Ihnen sicher Gedankenanstöße für Ihre eigenen Überlegungen liefern:

| | |
|---|---|
| Sünde | keine netten, sondern falsche Dinge; Fehler; gemeines Zeug; wenn wir nicht gehorchen; falsche Entscheidungen treffen; Dinge, die wir tun, die Gott traurig machen |
| Strafe | Ärger bekommen; ausgeschimpft werden; eine Auszeit bekommen; Hausarrest bekommen; Konsequenzen; diszipliniert werden; zur Verantwortung gezogen werden; eine Strafe aufgebrummt bekommen; einen Denkzettel verpasst bekommen; sein Fett abkriegen; die rote Karte sehen |
| Kreuz | starb einen ganz schlimmen Tod am Kreuz; denn er bekam viel Ärger; er wurde schwer verletzt, getötet; starb schließlich |
| Retter | für immer dein Freund; Helfer in der Not; jemand ist bereit, den Ärger und die Strafe, die du eigentlich verdient hättest, auf sich zu nehmen; nahm unseren Platz ein; wurde verletzt und getötet, auch wenn er nichts Schlimmes getan hatte |
| Auferstehung | blieb nicht tot; wurde wieder lebendig; kam von den Toten zurück; ins Leben zurückkommen |
| Jesus einladen | Jesus folgen; Christ werden; Jesus wird dein bester Freund; eine Beziehung zu Jesus Christus beginnen; Jesus sagen, dass dir dein Verhalten leidtut, und ihn bitten, für immer dein Freund zu sein |

| | |
|---|---|
| Herr und Erlöser sein | das tun, was Jesus sagt; ihn bitten, dir zu helfen, das Richtige/Beste zu tun; Jesus um Hilfe bitten, dass du die richtigen Entscheidungen triffst; Jesus hilft mir, das Richtige zu tun, er führt mich; Jesus ist der Einzige, dem ich folge und gehorche; jemand, der immer hört/sorgt/hilft |
| um Vergebung bitten | sagen, dass es dir leidtut; sich entschuldigen |
| Vergebung | keinen Ärger mehr haben |
| bekennen | zugeben, dass ich etwas Falsches getan habe; sagen, was ich getan habe |
| ewiges Leben | für immer im Himmel mit Jesus leben |

Wie könnte sich vor diesem Hintergrund die Gute Nachricht anhören, wenn wir kindgerechte Ausdrücke verwenden würden? Die folgende Erklärung (ursprünglich die Antwort eines Elternteils aus unserer Gemeinde auf die Frage der Tochter: „Wie kommt man in den Himmel?“) kann dabei Ihre Fantasie anregen:

*„Erinnerst du dich noch daran, wie ich dir sagte, dass Gott alles tun und alles sehen kann? Das heißt, dass er alle Dinge sehen kann, die wir tun, sogar die Dinge, die nicht so schön sind. Er weiß sogar, wenn wir Sachen sagen, die nicht so nett sind, und weiß auch, wenn wir Dinge denken, die gemein sind. All diese Dinge enttäuschen Gott, denn er glaubt nicht, dass es für uns in Ordnung ist, wenn wir etwas Falsches tun. Kannst du dir all die falschen Dinge vorstellen, die du oder ich tun? Egal, ob wir nun dabei er-*

*wischt werden oder nicht. Auf jeden Fall bedeutet das, dass wir ganz schön in der Klemme stecken. Wir haben so viel Ärger am Bein, dass wir dann eines Tages, wenn wir sterben, nicht in den Himmel aufgenommen würden. Das wäre doch ganz schön traurig, oder?*

*Aber genau da kommt Jesus ins Spiel, der uns da heraushilft. Er hat nie etwas Verkehrtes getan. Er hat jedoch den Ärger mit Gott auf sich genommen, den wir eigentlich für all die Dinge verdient hätten, die wir verkehrt gemacht haben. Das ist fast so, als hätte er zugestimmt, alle einzelnen Bestrafungen, alle roten Karten auf sich zu nehmen für das, was andere Menschen getan haben. Kannst du dir vorstellen, wie viele das sein würden? Und weißt du, wie er das anstellen musste? Er musste an einem Kreuz hängend sterben. Aber er blieb nicht tot und so kann er heute noch bei uns sein. Und die wirklich gute Nachricht ist, dass das, was er tat, auch für all die schlechten Dinge gilt, die du und ich tun. Wir müssen ihn lediglich bitten, uns zu vergeben und für immer unser Freund zu sein und uns zu helfen, herauszufinden, wie wir unser Leben ändern können. Möchtest du wissen, wie du das tun kannst?"*

Susan Shadid betreut das *Promiseland*-Schulungsprogramm und leistet einen wertvollen Beitrag zur inhaltlichen Gestaltung des Materials. So schlägt sie beispielsweise vor, bei der Erklärung des Rettungsplans Bezug darauf zu nehmen, dass man damit in die Familie Gottes aufgenommen ist: „Kinder besitzen eine universelle Sehnsucht, dazuzugehören, sodass die sehr reale Möglichkeit, Teil einer Familie zu sein, viele Kinder anspricht", merkt sie an. Achten Sie aber darauf, dass Ihr Kind nicht dadurch verwirrt wird, dass Sie über die andere größere „Familie" sprechen, zu der jeder in Ihrem Zuhause eingeladen ist.

Nachdem Sie sich Gedanken darüber gemacht haben, welche neuen Wörter Sie verwenden könnten, um das kindliche Verständnis von der Guten Nachricht zu verbessern, sollten Sie Ihr Augenmerk auf andere Aspekte des Christseins und der biblischen Geschichte richten, die Kinder unter Umständen ebenfalls verwirren könnten. Eine solche Liste ist vielleicht ganz schön lange. Fangen Sie damit an, dass Sie bestimmte Worte Ihres Wortschatzes durch andere ersetzen, die kindgerechter sind, um Gebet, Taufe, Abendmahl, Gemeindebesuch, freiwillige Mitarbeit und andere Aspekte des christlichen Lebens zu erklären. Hier geht es nicht um eine Übung, in der Sie lernen sollen, die überlieferte Lehre umzuschreiben, sondern darum, kindgerechte Erklärungen für wichtige grundlegende Inhalte des Glaubens zu finden. Das Gleiche können Sie bei einer oder zwei biblischen Geschichten tun.

*Ersetzen Sie bestimmte Worte Ihres Wortschatzes durch andere, die kindgerechter sind, um Gebet, Taufe, Abendmahl, Gemeindebesuch, freiwillige Mitarbeit und andere Aspekte des christlichen Lebens zu erklären.*

## *Es ist immer noch seine Geschichte und seine Wahl des richtigen Zeitpunkts*

Während ich dieses Kapitel verfasst habe, kam während des gemeinsamen morgendlichen Bibellesens unserer Familie eine Frage auf. Wir hatten schon einige Kapitel im Matthäusevangelium gelesen, als unsere Tochter mich nach dem römischen Hauptmann aus Matthäus 8 fragte, dessen Diener aus der Ferne von Jesus geheilt wurde. „Ich kapier diese Geschichte einfach nicht“, sagte die siebenjährige Erin. Und so erklärte ich ihr die Geschichte wie folgt:

*„Der römische Soldat glaubt, dass Jesus die Macht hat zu heilen, was so viel heißt wie, dass er kranken Menschen helfen kann, damit sie sich besser fühlen. Dieser Soldat glaubt sogar, dass Jesus so mächtig ist, dass er jeden heilen kann, auch wenn er bloß sagt: ‚Sei geheilt!' Dieser Römer ist ein wichtiger Mann, denn er gibt anderen Leuten Befehle, die sie befolgen müssen. Und so sagt er zu Jesus, er glaube, dass Jesus ebenfalls in der Lage sei, Befehle zu erteilen – egal, um was es geht –, und es geschieht. Selbst wenn es um so eine Sache wie das Heilen eines Kranken geht. Jesus war ganz schön beeindruckt davon, dass dieser bedeutende römische Befehlshaber an seine Macht glaubte, bestimmte Dinge zu tun – was eben hieß, dass der Römer an Jesus glaubte. Wenn wir also davon sprechen, dass man an Jesus glauben soll, meinen wir damit im Grunde, dass wir an Jesu Macht glauben, alles zu tun. Jesus sagte, weil der römische Soldat so viel Glauben hatte, würde er seinen Diener heilen. Und weißt du was? An anderer Stelle in der Bibel sagt Jesus, dass er auch unsere Gebete beantworten wird, wenn wir die gleiche Art von Glauben an Jesus Christus haben."*

Und die Geschichte wird noch besser. Erin schien die Sache mit dem Glauben ziemlich gut zu verstehen – dank der Geschichte von dem Hauptmann von Kafarnaum aus Matthäus 8, Verse 5 bis 13. Das stellte ich zumindest fest, als sie abschließend sagte: „Wenn also Glauben heißt, an Jesu Macht zu glauben, dann sollte ich vielleicht mehr Gebete sprechen, wenn ich Angst vor einem Gewitter habe." Ihre Augen wurden dabei ganz groß, und mein Herz pochte ganz laut, als wir am nächsten Tag bei Vers 23 weiterlasen, wo es um die Stillung des Sturmes durch Jesus geht.

Ich hätte die Abfolge der biblischen Geschichten selbst nicht besser planen können. Und ich wäre auch gar nicht auf die Idee gekommen, mich daran zu versuchen. Genau das meine ich, wenn ich sage, dass wir unseren Sprachgebrauch ändern sollen, wenn wir die Gute Nachricht an unsere Kinder weitergeben. Wir bemühen uns nicht, die Worte zu ändern, um unsere Erwartungen zu erfüllen, wie das Evangelium sein sollte oder was die Bibel eigentlich aussagen sollte. Wir ändern unsere Wortwahl aber, um Gottes Geschichte, um seinen Plan für Kinder leichter zugänglich zu machen. Denn ein Plan hat nur dann eine starke Anziehungskraft, wenn er auch verstanden wird.

*Auch wenn wir es sind, die die Botschaft weitergeben, so kommt das eigentliche Verständnis und die Überzeugung allein auf Grund des Wirkens des Heiligen Geistes.*

Der Plan ist natürlich Gottes Plan und nicht unser eigener – versteht sich. Auch wenn wir es sind, die die Botschaft weitergeben, so kommt das eigentliche Verständnis und die Überzeugung allein auf Grund des Wirkens des Heiligen Geistes. Gleichgültig, wie gut wir das Evangelium also in Worte packen – Kinder sind verschieden, und sie brauchen unterschiedliche Mengen an Zeit, um die Botschaft vollständig zu verstehen. Deshalb sollten wir unseren Kindern so viel davon zugestehen, wie sie brauchen.

Zu Beginn des Kapitels habe ich davon berichtet, wie sehr sich mein Sohn gefreut hat, als wir ihm sagten, dass wir im Sommer einen Vergnügungspark besuchen und uns dabei ganz nach den Wünschen unserer Kinder richten würden. Und Sie glauben gar nicht, wie viel Spaß wir hatten! Was ich bislang noch nicht verraten habe: Scott hat danach den zweiten Sommer mit einem weiteren Besuch im Freizeitpark strategisch durchgeplant, um so richtig davon zu profitieren und den Super-Mega-Sonder-Eisbecher zu ordern. Entsprechend dauert es vielleicht eine Weile, bis Ihr Kind beschließt, dass es bereit ist, den *größten* Plan der Welt für sich in Anspruch zu nehmen. Sie tun gut daran, sich jetzt schon darauf einzustellen. Denn wenn dieser Tag kommt, sollten Sie sich diese Gelegenheit nicht entgehen oder vielmehr unter den Fingern „zerrinnen“ lassen.

## Kurz nachgedacht

1. Tragen Sie auf der unten stehenden Liste kind- und altersgerechte Worte und Ausdrücke ein, die Ihr Kind am besten ansprechen:

| | |
|---|---|
| Sünde | |
| Strafe | |
| Kreuz | |
| Retter | |
| Auferstehung | |
| Jesus einladen | |
| Herr und Erlöser sein | |
| um Vergebung bitten | |
| Vergebung | |
| Bekennen | |
| ewiges Leben | |

2. Schreiben Sie auf die eine Seite einer kleinen Karteikarte die vier Kernpunkte des Rettungsplans auf: Gott, Wir, Jesus, Du und ich. (Manche kommen besser klar, wenn sie diese in ihren PDA eingeben.) Notieren Sie sich zu jedem Punkt einen kurzen erklärenden Satz. Führen Sie diese Karte (bzw. Ihren Organizer) immer mit sich, damit Sie vor jeder möglichen Situation, in der Sie die Gelegenheit haben könnten, das Evangelium (an Kinder oder Erwachsene) weiterzugeben, Ihr Gedächtnis auffrischen können.

3. Üben Sie! Erklären Sie mindestens zwei anderen Erwachsenen den Rettungsplan! (Wenn Sie dieses Buch gemeinsam als Eltern lesen, können Sie das mit Ihrem Partner praktizieren.) Bitten Sie diese um eine Rückmeldung, ob Ihre Erklärungen klar und kindgerecht sind!

*Kapitel 4*

# *Die Ziellinie zum Glauben überschreiten*

Die Vorfreude hatte sich aufgestaut wie das Wasser hinter einem Damm. Unsere Familie hatte sich vorgenommen, im hiesigen Vergnügungspark Autoskooter zu fahren, aber die Besucherschlange war so lang, dass wir kurzerhand beschlossen, uns lieber erst einmal die anderen Fahrgeschäfte vorzunehmen. „Wir kommen später zurück, dann verlieren wir nicht unnötig Zeit mit Warten", versicherte ich meinem Sohnemann. Wir vertrieben uns die nächsten Stunden mit Aktivitäten, die uns weniger Spaß machten, freuten uns aber schon darauf, wenn die Schlange dann schließlich kürzer geworden war und sich unsere Entscheidung, die Befriedigung unseres großen Wunsches aufzuschieben, auszahlen würde. Zu unserer freudigen Überraschung entdeckten wir einen einzigartigen Vorteil von kleinen Vergnügungsparks: Alle Attraktionen bewegen sich, was die Größe betrifft, in einem überschaubaren Rahmen, das heißt, der Angstfaktor bleibt klein, so wie auch die Mindestkörpergröße für die jeweiligen Fahrgeschäfte entsprechend klein gewählt ist – für alle außer für eines.

Autoskooter bieten einen ganz besonderen Spaßfaktor. Alles fängt mit einer harmlosen Gruppe von Leuten an, die sich in schnucklig-kleine Autos in knallig-bunten Farben setzen. Das Ganze verwandelt sich dann blitzschnell in 24 schwere Geschütze, die mit voller Absicht und Wucht ineinanderknallen. Stoßen und gestoßen werden: Das ist hier das Motto! Und je fester, desto besser. Bei der Fahrt mit dem Autoskooter gelten andere Gesetze. Und dies aus mehreren Gründen:

### Die sieben Rätsel der Autoskooter

1. Aus bislang unbekannten Gründen vollziehen Väter, sobald sie in einem Autoskooter sitzen, eine Wendung um 180 Grad: Sie werden zu den rüpelhaften „Ich mach dich platt"-Typen, die sie zu Hause niemals tolerieren würden.
2. Man glaubt es kaum: Ein Kaugummi-Klumpen vermag es nicht, das elektrische Gitter (die Stromversorgung, über die alles am Laufen gehalten wird) über den Autos kurzzuschließen!
3. Drei Minuten lang legen ganz normale Erwachsene – nur so zum Spaß – an Geschwindigkeit zu, um Autos zu rammen und mit der ganzen Wucht in Autos zu krachen, die von zehnjährigen Kindern gefahren werden.
4. Ein interessantes Fahrverhalten ist dann zu beobachten, wenn man das Lenkrad lange genug so weit einschlägt, dass das Auto rückwärts fährt. Aber Vorsicht: Dieser Trick klappt nicht bei echten Autos, und manche Leute brauchen länger als drei Minuten, um es zu lernen.
5. In der Gruppe der Fahrenden wird sich immer eine passive Person befinden, die in naiver Weise versucht, jeglichen Kontakt mit anderen Skootern zu vermeiden. Sie wird dadurch zur Zielscheibe Nummer eins der Väter.

6. Völlig Fremde bilden in weniger als zehn Sekunden spontane, finstere Allianzen, um besagte passive Person zu terrorisieren, bis das Ende der Fahrt erreicht ist. Und für gewöhnlich lässt das Ende sehr lange auf sich warten – jedenfalls in den Augen des hilflosen Opfers!
7. Die Fahrt endet unvermittelt, wenn man aus seinem Autoskooter entfernt wird, weil man Kaugummi auf das elektrische Gitter geworfen hat.

Nachdem sich die Menge verdünnisiert hatte, begab sich unsere Familie zu der Schlange vor den Autoskootern. Der gesunde Menschenverstand sagte uns, dass unsere dreijährige Tochter noch viel zu jung war, weshalb sie und meine Frau sich auf die Zuschauerbänke setzten. Wodurch Scott und meine Wenigkeit – die Jungs-Riege – übrigblieben, um auf dem Autoskooter-Schlachtfeld die Familienehre zu verteidigen. Unsere Stimmung hob sich beträchtlich, als wir uns dem Drehkreuz näherten.

Auch wenn ich mich gut gerüstet fühlte, die wunderbare Welt, in die wir gerade eintauchen wollten, zu betreten und zu bewältigen, stießen wir leider auf ein unerwartetes Problem. Der Kopf von Scott verfehlte sprichwörtlich um Haaresbreite die erforderliche Mindestgröße für Kinder. Wir schwankten zwischen Schock und Ehrfurcht: Schock darüber, dass nur eine einzige Messlatte in dem ganzen Park Scott von der Fahrt ausschloss, auf die wir uns am meisten gefreut hatten. Und Ehrfurcht, als auf meinen Einwand: „Was soll's, komm schon! Wir sind so dicht dran!", der Aufpasser, der auch nur ein Highschool-Schüler war, kategorisch den Kopf schüttelte. Ich beugte den meinigen.

Scott warf ein: „Und du, Dad? Bist du nicht groß genug?"

„Klar, bin ich das, Junge", ich streckte mich, „aber ich

werde dich nicht einfach hier stehen lassen." (Ich muss zugeben, dass mir diese Möglichkeit für einen kurzen Moment durch den Kopf geschossen war.)

„Nein, Paps", meinte er. „Du bist doch stark genug, um dem Kerl zu zeigen, wo es langgeht!"

Keine Angst! Ich habe keine Anstalten gemacht, den Mitarbeiter des Parks zu vermöbeln. Er tat nur seine Arbeit. Aber diese Erfahrung machte mir einmal mehr deutlich, dass es bestimmte Dinge gibt, die ein Erwachsener einfach nicht für ein Kind tun kann. Augenscheinlich besaß ich nicht die Macht, dafür zu sorgen, dass mein Sohn groß genug war, um doch eine Fahrt im Autoskooter zu machen. Er musste selbst so groß sein, musste das selbst für sich tun.

In ähnlicher Weise können wir nicht für unser Kind eine persönliche Beziehung zu Jesus Christus aufbauen. O ja! Natürlich würden wir das gerne tun! Alle Eltern wollen ja nur das Beste für ihr Kind! Aber auch wenn Mütter und Väter zur Stelle sind und ihre Kinder mit den besten Gott ehrenden Motiven zu beeinflussen suchen, muss doch jedes Kind für sich selbst entscheiden, ob es die Ziellinie des Glaubens überschreiten will. Und genau darum geht es in diesem Kapitel! Der Blickpunkt lautet: Wie kann ich Kindern helfen, den entscheidenden Schritt zu gehen und Christus als Herrn und Erlöser in ihr Leben aufzunehmen? Mit ein wenig Vorbereitung von unserer Seite können wir dazu beitragen, dass der letzte Schritt nicht mit größeren Erschütterungen und Unebenheiten verbunden ist.

## *Wie wir Kindern helfen, den letzten Schritt zu gehen*

Auf welchen Augenblick bereiten wir uns vor? Auf den, in dem Ihr oder mein Kind fragt, was es tun muss, um ein Christ zu werden. Natürlich ist die Frage nicht immer exakt dieselbe und die begleitenden Umstände sind nicht immer vorhersehbar. Aber das Ergebnis kann schier unglaublich sein, wie es meine Bekannte Carla in der Geschichte mit ihrer fünfjährigen Tochter berichtet:

*„Alyssandra und ich hatten uns Videos über das Buch Matthäus angeschaut und danach hatte sie jede Menge Fragen. Sie wollte wissen, warum manche Menschen Jesus nicht mochten. Als ich ihr erklärte, warum das so war und wofür er stand, fragte sie mich, ob ich an Jesus glaube. Ich bejahte dies. Dann fragte sie mich, ob ich in den Himmel käme. Ich bejahte auch dies und sagte ihr, dass ich im Gebet Jesus eingeladen hätte, die Leitung meines Lebens zu übernehmen. Ich zeigte ihr noch die einzelnen Schritte des Gebets auf.*

*Dann sagte sie mir: ‚Ich hab Jesus lieb. Ich möchte, dass Jesus auch in mein Leben kommt. Kannst du das Gebet mit mir sprechen?' Ich war so aufgeregt. Ich hatte Tränen in den Augen!*

*Also beteten wir zusammen. Es war gegen acht Uhr abends und wir waren an einem 14. Dezember auf der Autobahn unterwegs. Ich sehe immer noch ihr kleines Gesicht im Licht des Mondes leuchten, wie sie so auf dem Rücksitz saß."*

Carla kann sich glücklich schätzen, dass sie wusste, wie sie das entscheidende Gebet zur Lebensübergabe erklären konnte. Und ich kann mir gut vorstellen, dass Alyssandra zu gegebener Zeit auch glücklich darüber sein wird. Um eine Gelegenheit so gut wie möglich zu nutzen – sei es im Mondlicht auf der Autobahn oder im Flur auf dem Weg zum Frühstück –, sollten wir uns daranmachen, die einzelnen Schritte des Gebetes zu verstehen und verständlich machen zu können. Zunächst wollen wir hierzu einen Blick in die Bibel werfen.

**Die Bibel begleitet uns auf unserem Weg**

In Apostelgeschichte 2, Vers 37 wird davon berichtet, dass eine große Gruppe von Menschen die Geschichte von Jesus hörte und jemand die Jünger fragte: „Brüder, was sollen wir tun?" 14 Kapitel später in Apostelgeschichte 16, Vers 30 stellte der römische Gefängniswärter Paulus und Silas die gleiche Frage: „Ihr Herren ... Was muss ich tun, um gerettet zu werden?" Die Antworten in beiden Situationen legen den Grundstein für unsere Antwort auf ähnliche Fragen unserer Kinder.

In Apostelgeschichte 2, Vers 38 heißt es, dass Petrus der Gruppe antwortet, sie solle umkehren. In Apostelgeschichte 16, Vers 31 lesen wir, wie Paulus und Silas die Frage des Wärters beantworten: „Erkenne ihn als Herrn an und setze dein Vertrauen auf ihn!" Beide Beispiele geben klar die Richtung vor: Die Rettungsbotschaft muss persönlich angenommen – verinnerlicht – werden. *Umkehr* erfordert von mir persönlich, dass ich zugebe, dass ich falsch gehandelt habe, während *glauben* bzw. *sein Vertrauen auf ihn setzen* mit einer persönlichen Überzeugung beginnt, dass etwas wahr und verlässlich ist. Die Bibel hat aber noch mehr zum Thema „Gerettet werden" zu sagen.

Paulus zeigt in seinem Brief an die Römer anschaulich, was jemand zu seiner persönlichen Rettung tun muss: „Wenn ihr also mit dem Mund bekennt: ‚Jesus ist der Herr', und im Herzen glaubt, dass Gott ihn vom Tod auferweckt hat, werdet ihr gerettet" (Römer 10,9). Genauso verhält es sich mit Matthäus 10, Vers 32: „Wer sich vor den Menschen zu mir bekennt, zu dem werde auch ich mich bekennen am Gerichtstag vor meinem Vater im Himmel." Im Griechischen steht für „mit dem Mund bekennen" und „zu mir bekennen" das gleiche Wort. Hier wird betont, wie wichtig es ist, sein Leben Christus vollständig anzuvertrauen.

Fasst man die genannten vier Passagen zusammen (Apostelgeschichte 2,37–38; Apostelgeschichte 16,30–31;

Römer 10,9 und Matthäus 10,32), wird deutlich, wie wichtig dabei das Gebet ist, in dem diese Hinwendung zu Christus bekannt bzw. festgehalten oder vollzogen wird. Manche Christen, die Jesus ernsthaft nachfolgen, mögen vielleicht darüber debattieren, ob dieses Gebet nun laut und für andere hörbar gesprochen werden muss, aber darauf kommt es gar nicht an. Was aber für unser Thema wirklich wichtig ist, ist, dass wir die Gelegenheit haben, unseren Kindern dabei zu helfen, die Ziellinie zum Glauben zu überschreiten und ihnen, falls das nötig ist, zur Seite zu stehen, wenn sie ein Gebet sprechen möchten. Am einfachsten ist es, wenn unsere Kinder dabei das Gebet sprechen. Wir sollten ihnen die Möglichkeit geben, dies mit ihren eigenen Worten auszudrücken.

## Das 3-Punkte-Rettungs-Gebet

Aber mit welchen Worten? Wir schauen dazu nochmals in der Apostelgeschichte nach. Dort erscheint uns das *Bekennen der Sünde* wichtig. Dies beinhaltet, dass ich meine Schuld (was ich in meinem Leben schon falsch gemacht habe) bekenne und um Vergebung bitte. *Glaube an den Herrn Jesus* bedeutet, dass mir klar wird, dass er für meine Sünden starb und wieder auferstand und dass er der Herr – oder Führer – meines Lebens werden muss. Das sind noch keine kindgerechten Worte, deshalb wollen wir weiter an ihnen arbeiten. Wenn das Rettungs-Gebet als grundlegendes Instrument dienen soll, das wir bei Kindern einsetzen können, dann sollten sie sich ganz leicht an die einzelnen Punkte erinnern können.

Bei den drei Punkten für das Rettungs-Gebet wird sofort deutlich, dass es ganz einfach aufgebaut ist. Erinnern Sie sich immer an diese drei Punkte, und Sie können jedem – ob jung oder alt – helfen, zu beten und Christ zu werden. Hier also die drei Punkte des Gebetes:

1. Bekenne, dass du in deinem Leben schon vieles falsch gemacht hast.
2. Glaube daran, dass Jesus auf diese Welt kam und starb, um dir Vergebung zu ermöglichen.
3. Entscheide dich dafür, Jesus, Gottes Sohn, für immer zum Freund zu haben.

In der zweiten Klasse beschloss Sarah für sich, dass sie genug über Gott gehört hatte, um eine Entscheidung zu treffen. Sie erinnert sich noch lebhaft an den Morgen, an dem sie Christ wurde:

*„Ich wusste schon einiges über Gott, und ich wusste, dass es eine wichtige Entscheidung war, Jesus zu folgen. Deshalb wartete ich noch, bis ich etwas älter war, um diesen Schritt zu gehen.*

*Schließlich hatte ich dann in der zweiten Klasse den Eindruck, dass ich wirklich verstand, worum es ging, und so wollte ich eine Beziehung zu Jesus haben. Das 3-Punk-*

*te-Gebet leuchtete mir ein. Ich betete es nach, nachdem eine Erwachsene erzählt hatte, wie sie Christ geworden war. Ihre Geschichte schlug voll bei mir ein.*

*Den ganzen Tag über hatte ich das Gefühl, als wäre gerade etwas ganz Tolles passiert.“*

An diesem Tag passierte wirklich etwas ganz Tolles für Sarah, das durch etwas so Simples wie das 3-Punkte-Gebet eingeleitet wurde. Sarah war tatsächlich bereit, den Schritt zu vollziehen und um Rettung zu bitten. Aber das trifft unter Umständen nicht auf jedes Kind dieses Alters zu. Da es hier bei diesem Gebet um die Ewigkeit geht, ist es wichtig, zu überprüfen, ob ein Kind wirklich bereit ist, eine Beziehung zu Jesus Christus einzugehen.

## Wann ist ein Kind bereit für eine Entscheidung?

Erstens: Vergewissern Sie sich, dass Ihr Kind wirklich auch selbst beten möchte. Wenn zum Beispiel die ganze Familie versammelt ist, kann der Druck, „dazuzugehören“, manchmal in eine falsche Motivation münden. Oder der Wunsch Ihres Sohnes bzw. Ihrer Tochter, Ihnen zu gefallen, kann dazu führen. In beiden Fällen sollten Sie zu unterscheiden wissen, ob der Heilige Geist – natürlich dem Kind entsprechend – am Wirken ist oder nicht. Uns geht es nicht darum, dass unser Kind einfach nur ein Gebet aufsagt; dieses Gebet muss auch aufrichtig gemeint sein. Und in den meisten Fällen kann eine simple, freundlich gestellte Frage die Motivation ersichtlich machen, die hinter dem Wunsch des Kindes steht, Jesus in sein Leben zu bitten: „Kannst du mir vielleicht sagen, warum du das tun willst?“

Nachdem Sie die Frage gestellt haben, sollten Sie ruhig abwarten, bis Ihr Kind geantwortet hat. Wenn es mit „Nein“ antwortet, könnten Sie nochmals mit ihm den Rettungsplan durchsprechen (siehe Kapitel 3) und dabei Fragen stellen, um in einen offenen Dialog mit Ihrem Kind zu treten, bei dem sich Ihr Kind sicher fühlt, Dinge ansprechen zu dürfen, die ihm nicht klar sind. Zum Beispiel: „Hast du in der letzten Woche irgendetwas getan, wovon du wusstest, dass es verkehrt war?“

Wenn das Kind dagegen einen einleuchtenden Grund angeben kann, warum es Jesus in sein Leben bitten will, dann sprechen Sie mit ihm das 3-Punkte-Gebet durch.

*Versetzen Sie dem Wunsch des Kindes, mehr als einmal für seine Rettung zu beten, keinen Dämpfer.*

Zweitens: Versetzen Sie dem Wunsch des Kindes, mehr als einmal für seine Rettung zu beten, keinen Dämpfer. Chris, der heute ein Teenager ist, blickt im Folgenden auf seinen Glaubensweg zurück und äußert sich über die Flexibilität und das Verständnis, das ihm seine Kleingruppenleiter entgegengebracht haben:

*„Ich betete das 3-Punkte-Gebet zum ersten Mal in der dritten Klasse. Im darauffolgenden Jahr erklärte mein Kleingruppenleiter jedoch noch weitere wichtige Dinge, die einen Christen ausmachen, und so betete ich es noch einmal. Dann zeigte unser nächster Kleingruppenleiter unserer Gruppe, wie man sogar noch mehr Punkte, die für die Nachfolge Jesu wichtig sind, umsetzt. Es war bei ihm alles so leicht verständlich, und er beschrieb manches ganz locker, sodass ich das 3-Punkte-Gebet noch einmal sprach.*

*Ich verstand die Konsequenzen meiner Entscheidung für Jesus von Jahr zu Jahr besser. Und deshalb betete ich das Gebet auch immer wieder. Jedes Jahr wird das Leben noch intensiver, noch spannender – besonders in der sechsten Klasse. Auf jeden Fall wollte ich auf Nummer sicher gehen.“*

Zum Glück gab niemand – gerade auch seine Eltern nicht – Chris das Gefühl, dass das, was er da tat, falsch oder unnötig sei. Wenn Ihr Kind die Erlösung diesen Monat oder dieses Jahr besser versteht und nochmals darüber beten will oder vielleicht nur sichergehen will, möchten wir Sie ermutigen, dass Sie es einfach nur dabei bestärken. Ich kenne keine Stelle in der Bibel, in der es heißt, dass es verkehrt sei, mehr als einmal ein Übergabegebet zu sprechen. Auch wenn einmal im Grunde genug ist für die Ewigkeit, könnte es dem Kind eine größere Beruhigung und Sicherheit verschaffen, wenn es häufiger betet. Insbesondere dann, wenn das Leben schwieriger wird.

Drittens: Berücksichtigen Sie das Alter des Kindes – aber schieben Sie das Alter nicht als Grund vor, um den Wunsch Ihres Sohnes oder Ihrer Tochter abzuschmettern, eine Beziehung zu Jesus einzugehen. Vor diesem Hintergrund meint die Psychologin Karen Maudlin:

*„Gott ehrt immer wieder aufrichtig gemeinte Gebete ... Mit Sicherheit lässt sich sagen, dass es für die meisten Kinder unter zehn Jahren schwierig ist, sich eine Vorstellung davon zu machen, was es bedeutet, eine Entscheidung zu fällen, die ‚lebenslange' Gültigkeit haben soll. Was nicht bedeuten soll, dass der Glaube eines Kindes deshalb weniger realitätsbezogen ist."*[1]

Das Alter wird jedoch eine entscheidende Rolle spielen, wenn es darum geht, das Gebet zu formulieren und zu sprechen.

Die Worte, die Ihr Kind betet, sollten nach Möglichkeit seine eigenen sein. Deshalb bieten Sie ihm durch das dreiteilige Gebet nur einen ungefähren Anhaltspunkt dafür, was es beten kann. Verständlicherweise ist es so: Je jünger das Kind, desto eher sollten Sie davon ausgehen, dass es Ihnen ein Gebet nachspricht und weniger in der Lage ist, von alleine Ihrer Anleitung zu folgen, selbst ein Gebet zu formulieren.

Das Wort „Anleitung" bedarf hierbei noch der Erklärung. Im Idealfall erklären Sie dem Kind die drei Bestandteile des Gebetes, und Ihr Kind sagt Gott dann, was es bekennen, glauben und für wen es sich entscheiden will. Sich an alle drei Punkte zu erinnern, ist jedoch womöglich für jemanden, der das Gebet zum ersten Mal hört, etwas schwierig. Deshalb erklären Sie am besten zunächst den ersten Punkt und geben dem Kind Zeit, entsprechend zu handeln, bevor Sie fortfahren. Der nächste Abschnitt veranschaulicht, wie man ein Kind bei dem 3-Punkte-Gebet anleiten kann.

*Im Idealfall erklären Sie dem Kind die drei Bestandteile des Gebetes, und Ihr Kind sagt Gott dann, was es bekennen, glauben und für wen es sich entscheiden will.*

*„Nun, Lisa, für mich hört sich das so an, als wärst du bereit, Jesus zu bitten, für immer dein Freund zu sein. Wollen wir jetzt zusammen beten? Ich helfe dir gerne dabei, wenn du nicht weißt, was du sagen sollst. Ich fange mal an:*

*‚Lieber Gott, meine Tochter Lisa möchte deinen Sohn Jesus bitten, für immer ihr Freund zu sein.'*

*Lisa, jetzt kannst du weitermachen und Gott sagen, was du in deinem Leben schon alles falsch gemacht hast, und ihn bitten, dir zu vergeben ... (Pause).*

*Prima! Nun kannst du ihm sagen, dass du wirklich an Jesus glaubst und daran, dass Jesus starb, um dir Vergebung für all die Dinge zu ermöglichen, die in deinem Leben nicht in Ordnung waren ... (Pause).*

*Sage ihm jetzt, dass du dich dafür entschieden hast, Jesus für den Rest deines Lebens zu folgen und ihn zum Freund zu haben ... (Pause).*

*Das war toll! Jetzt hast du einen Anfang gemacht, Lisa! Ich freu mich so für dich!"*

### Mögliche Reaktionen auf die Entscheidung

„Lisa“ traf soeben die wichtigste Entscheidung ihres Lebens – eine Entscheidung, die eine bewusste Antwort Ihrerseits erfordert. Erstens: Widerstehen Sie dem Impuls, irgendetwas nochmals aufzugreifen, was Ihr Kind im ersten Teil bekannt hat. Jedwede – sofortigen oder künftigen – Konsequenzen werden ihrer Begeisterung für Jesus Abbruch tun oder – schlimmer noch – werden sie ihre Entscheidung insgesamt nochmals überdenken lassen.

Die folgenden Ideen sollen Ihnen Anregungen geben, wie Sie auf die Entscheidung Ihres Kindes reagieren könnten:

1. Machen Sie sofort eine große Sache aus der Entscheidung. Beglückwünschen Sie Ihr Kind! Umarmen Sie es ganz fest! Zeigen Sie Ihre Begeisterung! Seien Sie nicht zu steif! Als Eltern haben Sie bestimmt schon dafür gebetet, dass sich Ihr Kind für ein Leben mit Jesus entscheidet. Bei der Entscheidung eines anderen dabei sein zu können, besonders wenn es sich um das eigene Kind handelt, ist eine tolle Sache, ein tolles Gefühl!
2. Tragen Sie mit einem Geschenk, das auf das Datum hinweist, dazu bei, dass dieser Augenblick in Erinnerung bleibt. Einige Eltern verschenken eine Bibel und schreiben einige Worte der Ermutigung in den Einband. Ich kenne auch Eltern, die dieses Ereignis in ihrem Fotoalbum festhalten. Für meine Kinder ist es jedes Mal eine Bestätigung ihres Glaubens, wenn sie auf das genaue Datum ihrer Errettung schauen.
3. Sorgen Sie dafür, dass Ihr Kind eine Bibel besitzt, die es lesen kann und die auch für Kinder verständlich geschrieben ist. Die Bibel ist Gottes Wort an uns – hauptsächlich durch sie spricht Gott in unsere Beziehung zu ihm hinein. Das Alter des Kindes ist das entscheidende Kriterium dafür, welche Übersetzung der Bibel man für

das Kind kaufen sollte. Christliche Buchhandlungen können bei der Kaufentscheidung behilflich sein und informieren Sie gerne darüber, welche Bibeln auf dem Markt sind.

Daneben gibt es sicherlich noch eine lange Liste mit vielen anderen guten Anregungen. Dabei ist vor allen Dingen wichtig, dass man sich bereits im Voraus Gedanken darüber macht, damit man bereit ist, wenn das Kind betet. Wie schnell ist der Augenblick vergangen, wenn man ihn ungenutzt vorüberziehen lässt. Deshalb legen Sie jetzt eine kurze Pause ein, und überlegen Sie sich, was Sie tun wollen, wenn der große Augenblick gekommen sein wird.

In der Bibel ist die Taufe für die Gläubigen das äußere Zeichen für eine innere Entscheidung, Christus nachzufolgen. Manche Gemeinden taufen Menschen jeden Alters, die eine Beziehung mit Jesus begonnen haben, wobei es auch andere gibt, die Kinder bitten, solange zu warten, bis sie ein gewisses Alter erreicht haben, um sicherzugehen, dass diese auch wirklich verstanden haben, was geschieht. Ich möchte an dieser Stelle weder die eine noch die andere Einstellung zur Taufe favorisieren. Vielmehr möchte ich Ihnen raten, sich dem Verständnis der Ältesten Ihrer Gemeinde anzuschließen. Sie sollten deshalb auch mit Ihrem Sohn bzw. Ihrer Tochter über die Frage der Taufe sprechen (es sei denn, er/sie ist bereits getauft), ob sie sich an dem Tag oder einem Tag in der Zukunft taufen lassen möchten. Sie sollten sich vergewissern, dass sie die Bedeutung der Taufe verstanden haben und wissen, warum Nachfolger Jesu aller Zeiten an diesem Sakrament teilgenommen haben.

Ermutigen Sie Ihren Sohn, Ihre Tochter, auch weiterhin zu beten. Das Drei-Punkte-Gebet war bereits ein anschauliches Beispiel, wie man ganz informell mit Gott reden kann. Erinnern Sie Ihr Kind daran, dass es für eine Beziehung wichtig ist, dass die beteiligten Personen miteinander im Gespräch bleiben. Seien Sie Ihrem Kind ein Vorbild und zeigen Sie ihm, wie es beten kann. Vergessen Sie ebenfalls nicht, auch ein Vorbild zu sein, wenn es darum geht, im Gebet auf Gott zu hören.

## Der richtige Zeitpunkt – jederzeit

Sie wissen nie, wann Sie sich in einer Situation befinden werden, in der es darum geht, ob sich ein Mensch vielleicht für Gott entscheidet. Daher sollten Sie sich gut darauf vorbereiten! Gott lehrte mich eines Abends, wie wichtig eine entsprechende Vorbereitung ist, als ich an der Ausarbeitung des ursprünglichen Schulungsmaterials für „Ich erzähl dir von Jesus" saß. Ich hatte nicht mit einem „heiligen Moment" gerechnet, als unser Sohn – der damals vier Jahre alt war – einige Minuten vor dem Zubettgehen die Tür zu meinem Büro öffnete. Aber es war ein entscheidender Moment. In einem Augenblick, der wie im Nu verflog, nahmen die Gedanken, die ich zuvor stundenlang in meinem Rechner eingetippt hatte, Gestalt an und wurden Wirklichkeit.

Während Scotty darauf wartete, dass ich den Computer herunterfuhr, erregte eine uralte fünfbändige Studienbibel seine Aufmerksamkeit. „Wo hast du diese Bücher her?", fragte er.

„Als Großvater Vander Meulen starb, gab mir Großmutter seine Bibeln", erklärte ich, als wir die Treppen zu seinem Schlafzimmer hinaufgingen.

„Warum musste Großvater Vander Meulen denn sterben?", erkundigte er sich.

„Nun, er hatte lange gelebt und war einfach alt, nehme ich mal an", antwortete ich.

Scotty forschte weiter: „Wohin ging er, als er starb?"

Ich hielt inne und erinnerte mich daran, dass ich nachdenken – und tief durchatmen – musste!

„Großvater ging in den Himmel", gab ich zur Antwort.

„Das heißt, dorthin, wo Gott und Jesus leben?", hakte Scotty nach und zeigte dadurch, dass er in *Promiseland* aufgepasst hatte.

„Ja."

„Wo ist denn der Himmel?", lautete die nächste Frage, die er stellte, und er schien es wirklich wissen zu wollen.

„Nun, wo glaubst du, ist er?"

„Er ist ganz weit oben im Himmelszelt!", war Scottys aufgeregte Antwort. Und er war stolz, dass er einige Fakten zum Gespräch beisteuern konnte. „Daddy, sag mal, wie kommt man eigentlich in den Himmel?"

Mein Puls raste, als ich merkte, was da gerade abging. Daher versuchte ich, mein Bestes zu geben.

„Du weißt doch, dass wir beide oft sagen, wir wären ‚Kumpel'!?", sagte ich zu ihm. Diese Frage bezog sich auf die exklusive Gruppe, die nur aus uns beiden bestand, und darauf, dass wir uns versprochen hatten, immer die allerbesten Freunde zu sein.

„Ja, um in den Himmel zu kommen, musst du dich dazu entschließen, für immer ein dicker Freund von Jesus zu werden, was wirklich eine ganz schön lange Zeit ist. Und zu einer guten Freundschaft mit Jesus gehört, dass du ihm ehrlich sagst, dass es dir leidtut, wenn du Sachen verkehrt gemacht hast, und dass du ihn bittest, stattdessen gute Dinge zu tun. Jeder, der ein Freund von Jesus ist, kommt auch in den Himmel. Und weißt du was? Er würde sich sehr darüber freuen, wenn du ihm sagen würdest, dass du gerne eines Tages mit ihm im Himmel sein willst."

Die Pause zwischen meiner Antwort und seinen nächsten Worten schien sich unendlich hinzuziehen, aber vermutlich waren es doch gerade mal zwei Sekunden. „Meinst du, sie haben im Himmel auch Feuerwehrautos zum Spielen?"

„Hm, was hast du in ‚Promiseland' denn über Gott gelernt?", fragte ich ihn.

„Gott kann alles!“, platzte er heraus – eine ganz begeisterte Antwort auf das Thema des vergangenen Jahres.

„Glaubst du nicht, dass Gott, wenn er alles kann, dann wahrscheinlich auch die größten Feuerwehrautos zum Spielen hat, die es gibt?“ So langsam wurde es amüsant.

„Super! Und du, du bist auch ein Freund von Jesus, Papa, nicht?! Du kommst dann auch in den Himmel, oder?“

„Ja, Scotty, klaro.“

„Was meinst du, Papa, können wir dann auch immer zum Frühstücken ausgehen, wenn wir im Himmel sind?“

Als ich das Licht ausschaltete und mit ihm auf seinem Bett saß, sagte ich: „Ja. Ich denk schon, dass wir das können.“ Der kleine Scotty war ein ebenso großer Frühstücker und Fan von Eiern mit Speck wie sein alter Herr.

Das Licht war aus. Es war nun Zeit für das Gute-Nacht-Gebet. Ich werde Scotts Gebet an diesem Abend nie vergessen.

„Entschuldige die Störung, Gott! [Ich hatte schon immer eine Schwäche für seine flapsigen Gebetsanfänge.] Weißt du was? Ich möchte immer ein dicker Kumpel von Jesus sein, weil ich mit dir im Himmel sein will, wenn ich mal sterbe. Wir wollen also für immer Freunde bleiben, ja? Und es tut mir leid, wenn ich etwas Böses tue! Und Gott, denkst du auch daran, dass es ganz viele Feuerwehrautos gibt?! Danke, dass ich ein Freund von Jesus bin. Amen!“

Als ich so neben ihm saß, tat ich das mit einem lachenden und einem weinenden Auge. Ja, eine ganz reale geistliche Reise hatte gerade ihren Anfang genommen. Sobald ich das gewohnte schwere Atmen hörte, küsste ich Scotty auf die Stirn und flüsterte: „Ich hab dich lieb, Kumpel. Und ich habe dich lieb, Herr, und danke.“ Als ich mich leise aus dem dunklen Zimmer schlich, lag immer noch ein Lächeln auf meinen Lippen. Und ich hatte wirklich das starke Gefühl, dass Gott in diesem Moment auch eines auf den Lippen trug.

In meinem Leben gab es schon so manche spannende Episode: wie ich zwei Freistöße in noch vier verbleibenden Sekunden schoss, um ein Basketballspiel, das bereits in der Nachspielzeit war, zu gewinnen – wie ich die Frau meiner Träume heiratete – wie ich Konferenzen vor Leuten abhielt, die ganz eifrig waren, Kinder zu Jesus zu führen – und sogar wie ich unzählige Male Autoskooter fuhr. Und doch ist keine dieser Erfahrungen mit der Begeisterung vergleichbar, die ich an jenem Abend über meinen Sohn empfand. Und dieses Gefühl hatte nichts mit dem zu tun, was ich gesagt hatte, sondern nur mit dem, was er sagte. Denn es gibt da einige Dinge, die Kinder für sich selbst tun müssen – und wenn sie diese tun, wird es eine Menge Freude auf der Erde und ein Riesenfest im Himmel geben: „Genau so freuen sich auch die Engel Gottes, wenn ein einziger Sünder zu Gott umkehrt“ (Lukas 15,10; HFA).

## Kurz nachgedacht

1. Tragen Sie auf der Rückseite des Notizzettels (oder auf Ihrem PDA-Memofeld), den Sie am Ende von Kapitel 3 („Kurz nachgedacht") ausgefüllt haben, die 3 Punkte mit einer entsprechenden kurzen Erklärung der einzelnen Gebetsteile ein.

2. Üben Sie mit einem Partner das 3-Punkte-Gebet. Wiederholen Sie diese Übung mindestens zweimal.

3. Machen Sie sich darüber Gedanken, was Sie in dem Moment tun würden, in dem Ihr Kind Gott sein Leben anvertraut.

## Kapitel 5

# *Die ersten Lebensjahre*

Die erste Fahrt, die mein Sohn und ich mit dem *Space Shuttle* unternommen haben, wird mir ewig in Erinnerung bleiben. Natürlich meine ich nicht die richtige Raumfähre! Sondern die Attraktion in einem Vergnügungspark, die eigentlich nur das Produkt einer virtuellen Realität war, aber die Fantasie des Dreijährigen voll und ganz in Beschlag nahm. Doch selbst für einen 33-Jährigen sah dieses Gefährt noch ganz schön echt aus.

Unsere Fahrt durch den Kosmos an Bord dieser Nachbildung eines „lebensgroßen" NASA-Shuttles begann eigentlich schon in der Warteschlange. Die ausgefeilte Deko und die lebensechten Hintergrundgeräusche überzeugten uns voll und ganz davon, dass wir es hier tatsächlich mit einer Raketenabschussrampe zu tun hatten. Bevor sich die Türen des Raumgleiters öffneten, informierte das Flugbegleitpersonal Scott und mich und die mit weiteren „Astronauten" gefüllte Kapsel über das, was uns auf unserem Raumflug erwarten würde – so wie das auch bei der NASA gang und gäbe ist oder ich mir das zumindest vorstelle. Nachdem wir unsere Plätze eingenommen hatten, gaukelten uns das Multiscreen-Video auf der Leinwand und das Audio-Erlebnis – ergänzt durch entsprechend choreographierte Sitzbewegungen und -vibrationen – eine spannende Reise in den weiten

Raum des Universums und zurück vor. Alles war so lebensnah, dass mich ein Anflug einer ganz realen Übelkeit überfiel – obwohl ich mich dauernd selbst daran erinnerte, dass dies nur ein Kinofilm und ein simuliertes Erlebnis war. Als die Raumfähre auf eine perfekte virtuelle Landung zuglitt, kehrte meine Begeisterung zurück – dieses Mal, weil ich aus dem Flugkörper aussteigen konnte.

Als Scott und ich uns von dem nachgebauten Raumschiff entfernten, half mir die frische Luft, mein Gleichgewicht wiederzufinden. Nachdem wir ein paar Meter gegangen waren, wollte Scott, dass wir stehenblieben. Wir drehten uns zur Raumfähre um und beobachteten, wie die nächste Gruppe von Weltraumreisenden an Bord ging. Auch als sich immer mehr Leute in die Warteschlange einreihten, blieb unser Blick noch auf den Wartenden haften. Scott schaute weiterhin gebannt auf das Flugobjekt, das vor ihm aufragte.

„Scotty, möchtest du noch mal mitfahren?", fragte ich meinen Sohnemann und versuchte zu ignorieren, dass mir allein von dem Gedanken daran schon wieder schlecht wurde.

„Nein, eigentlich nicht", erwiderte er. Wir warteten noch einen Moment länger.

„Wenn wir nicht mehr damit fahren wollen, warum stehen wir dann hier nur herum?", fragte ich.

Seine Antwort ist mir noch gut in Erinnerung und entlockt mir immer noch ein leichtes Schmunzeln: „Ich will sehen, wie sie abhebt."

Er glaubte wirklich, dass die nachgebaute Raumfähre ihre Haupttriebwerke zünden und aus dem Park in den Himmel hinaufschießen würde. Scott war der simulierte Flug echt erschienen. Alle Erwachsenen, die an dem Fluggeschehen beteiligt waren, gaben den „Astronauten" Instruktionen für eine Reise ins All – warum sollte er ihnen dann nicht glauben?

## *Glauben, ohne zu hinterfragen*

Diese Episode illustrierte für mich eine wichtige Wahrheit, die Karyn Henley in *Child-Sensitive Teaching* wie folgt beschreibt: „Kleine Kinder glauben im Allgemeinen das, was man ihnen sagt, ohne zu hinterfragen, ob es wahr ist.“[1] Glücklicherweise haben wir im Falle des christlichen Glaubens eine Botschaft, die sich ausschließlich auf die Wahrheit gründet.

In *Teaching Kids about God* formulieren John Trent und seine Koautoren einen ähnlichen Gedanken: „Zwischen Geburt und Kindergarten“, so schreibt er, „sind Kinder äußerst aufnahmebereit.“[2] Vor dem Hintergrund des Themas, das wir gerade besprechen: Erkennen Sie, welche großartigen Möglichkeiten sich Ihnen angesichts der natürlichen Aufnahmebereitschaft Ihrer Kinder bieten?

Mit Sicherheit bieten uns diese ersten Lebensjahre ein weites Feld an Möglichkeiten, um im Leben unserer Kinder eine geistliche Grundlage zu legen, die eines Tages einem starken Glauben Vorschub leisten wird. Der mögliche spätere Nutzen, wenn wir unsere Kinder in diesem Lebensabschnitt positiv beeinflussen, veranlasste den Theologen Francis Xavier zu dem Ausspruch: „Gebt mir Kinder bis zum Alter von sieben Jahren, und danach kann sie jeder haben.“[3]

*Mit Sicherheit bieten uns diese ersten Lebensjahre ein weites Feld an Möglichkeiten, um im Leben unserer Kinder eine geistliche Grundlage zu legen, die eines Tages einem starken Glauben Vorschub leisten wird.*

Eine unerwartete Unterhaltung mit meiner Tochter zeigte mir, wie weise diese Aussage doch ist.

Als Erin zwei Jahre alt war, liebte sie ihre Puppen. Eines Tages verbrachten wir beide mit der gesamten Puppenfamilie einen Nachmittag auf dem Fußboden ihres Zimmers.

Ich war mit der Vaterfigur betraut. Und ich spielte damit, so gut ich konnte. Erin kümmerte sich gekonnt um Mutti, Schwester, Bruder, Oma, Opa und die beiden Nachbarn.

Während ich versuchte, mich ganz in die Puppen-Welt einzufinden, platzte sie plötzlich mit einer Frage heraus: „Papi, *liepscht* du Jesus?"

Ganz aufgeregt antwortete ich: „Natürlich tue ich das, Schatz."

Dann erkundigte sie sich, ob Mama (ihre wirkliche Mami) und ihr Bruder Scott Jesus auch lieb hätten. „Klar, haben sie ihn lieb", bestätigte ich in beiden Fällen. Zufrieden mit den Antworten, ging sie zu ihrer Puppenfamilie und der Fantasienachbarschaft zurück.

Ich war bestrebt, diese Gelegenheit weiter zu nutzen, und fragte sie: „Erin, liebst *du* denn Jesus?", und hielt den Atem an.

Zu meiner Verwunderung – und Freude – sagte sie ganz lässig und beiläufig: „Ja, ich *liep* Jesus."

Als Elternteil konnte ich mir gut vorstellen, was sie zu der Frage bewogen hatte. Erin hatte zu Hause und in der Kinderstunde gehört, dass Jesus sie lieb hatte. Das hatte sie wiederum dazu veranlasst, dass auch sie „Jesus liepen" wollte.

Ich hatte an diesem Tag im Kinderzimmer meiner Tochter ein großes Aha-Erlebnis: Erin und Jesus hatten angefangen, eine Beziehung zu knüpfen. Zumindest hatten sie das dem, was sie glaubte, zufolge. Und dieser Glaube war so stark, dass sie sich unbedingt wünschte, dass auch ihre Mutti, ihr Papa und ihr Bruder ihn teilten. Dieser Glaube war so real, dass sie es für seltsam hielt, wenn ihr irgendjemand etwas anderes offerieren wollte. Von diesem Zeitpunkt an würde die Welt es sehr viel schwerer haben, meine Tochter davon zu überzeugen, dass eine Beziehung zu Jesus falsch oder gar unmöglich sei. Tja, tut mir leid, liebe Welt! Man hat mir erzählt, dass sie meine Sturheit geerbt hat, was ich dieses eine Mal als Kompliment auffassen möchte. Auch fünf Jahre später ist ihr Glaube noch stark – wie ihre Worte (in Kapitel 1) gezeigt haben, wo ich sie „das Evangelium nach Erin“ genannt habe.

## *Glaube ohne hundertprozentiges Verständnis*

Natürlich ist es ein himmelweiter Unterschied, ob ich etwas für wahr halte oder auch jeden Aspekt dessen verstehe, was ich da glaube. Gott möchte, dass wir Glauben haben, aber er befiehlt doch niemals den Menschen, die an ihn glauben, dass sie alles hundertprozentig verstehen müssen. Viele der Diener Gottes, von denen uns in der Bibel berichtet wird und die fest an ihn glaubten und ihr Leben mit ihm lebten, sind uns im Hinblick auf dieses Prinzip ein großes Vorbild. Noah wusste nichts über diese Unwetterfront, die gerade über dem Horizont lag, aber er glaubte, dass Gott von ihm wollte, dass er ein Boot baute. Mose hatte keine Ahnung, wie es möglich war, dass ein Busch brannte und doch nicht zu Asche wurde, aber er glaubte, dass Gott durch diesen Busch zu ihm sprach. Der blinde Mann, von dem uns im 9. Kapitel des Johannesevangeliums berichtet wird, glaubte daran, dass die Macht Jesu ihn heilen konnte, hatte aber keine Ahnung davon, wie das wohl möglich gewesen war. Ohne zu zögern, trat er mutig auf die mächtigen religiösen Anführer zu und bekannte die eine Sache, die für ihn zählte: „Ich weiß nur eins: Ich war blind, und jetzt kann ich sehen!“ (Vers 25; HFA). Das Vertrauen ist in jedem Alter ein wichtiger Schritt in Richtung Glauben.

Kam Erin im zarten Alter von zwei Jahren zum Glauben? Nein. Mit zwei Jahren wusste sie noch nicht, was es heißt, ein Christ zu sein. Jahre später wurde sie „für immer ein Freund“ Jesu, als sie aufrichtig das 3-Punkte-Gebet sprach (wie wir in Kapitel 4 gesehen haben). Aber eines ist klar: Ein zweijähriges Mädchen *kann* einen kleinen Teil ihres Herzens an Jesus geben – und das ist eine Wahrheit, die die Familie in ein Evangelisationsfeld verwandeln kann.

*Ein zweijähriges Mädchen kann einen kleinen Teil ihres Herzens an Jesus geben – und das ist eine Wahrheit, die die Familie in ein Evangelisationsfeld verwandeln kann.*

John Trent stimmt einer solchen Möglichkeit zu: „Es ist nie zu früh für Gottes Geschöpfe, das zu tun, für das sie geschaffen wurden: eine tiefe Freundschaft mit ihm zu haben.“[4] Und deshalb wird es auf den weiteren Seiten des Kapitels um drei Bereiche gehen, die Sie sich näher ansehen können, wenn Sie noch sehr junge Kinder haben.

## *Wie kann man ein kleines Kind bestmöglich erreichen?*

### Stellen Sie einen positiven Bezug zwischen der Erfahrungswelt des Kindes und Gott her

In Apostelgeschichte 17 lesen wir von der Begegnung des Apostels Paulus mit den Bürgern von Athen und seiner überzeugenden Rede, in der er seinen Zuhörern dabei hilft, Gott kennenzulernen (Verse 16–32). Vielleicht haben Sie diesen biblischen Abschnitt nie in Bezug zu dem Glauben der Kinder gesetzt, aber ich denke, dass Sie Paulus’ Ansatz folgen können, um Ihre Kinder zu erreichen.

Paulus fällt insbesondere auf, dass Athen eine Stadt voller Götterstatuen ist. Darunter befindet sich auch ein Altar, der „dem unbekannten Gott“ gewidmet ist (Apostelgeschichte 17,23). Der Apostel spricht in seiner Rede nicht nur von den Heiligtümern, die ihm aufgefallen sind, sondern er setzt diese Welt der Athener auch in Bezug zu dem wahren Gott: „Von diesem Gott, den ihr verehrt, ohne ihn zu kennen, spreche ich“ (Vers 23; HFA). Von Paulus' Beispiel können wir lernen, dass es ein hervorragender Ausgangspunkt sein kann, einen Bezug zwischen der realen Umwelt des Betreffenden und Gott, dem Herrn, zu ziehen, um jemanden mit dem Evangelium zu erreichen, dem Gott fremd zu sein scheint. Wie das auch bei kleinen Kindern der Fall ist.

Der verbleibende Teil von Paulus' Rede in Apostelgeschichte 17 wendet sich an religiöse Menschen und Philosophen. Deshalb wollen wir hier seinen roten Faden aufgreifen, um einen geeigneten Ansatz zu finden, um Kinder anzusprechen. Dieser Ansatz setzt bei dem Verständnis einer wichtigen und grundlegenden Voraussetzung an, die jeder Beziehung zu Gott vorausgeht: Die angesprochene Person muss ein gewisses Bewusstsein von Gott haben. In seinem Brief an die Römer schreibt Paulus über die Bedeutsamkeit dieses Konzeptes und der damit zusammenhängenden Verantwortung, die dieses für den Glaubenden mit sich bringt: „Wie aber sollen die Menschen zu Gott beten, wenn sie nicht an ihn glauben? Wie sollen sie zum Glauben an ihn kommen, wenn sie nie von ihm gehört haben? Und wie können sie von ihm hören, wenn ihnen niemand Gottes Botschaft verkündet?“ (Römer 10,14; HFA).

Sollen wir etwa unseren kleinen Kindern schon von Gott erzählen? Paulus' Worte stellen eine interessante Herausforderung für Eltern von ganz kleinen Kindern dar – insbesondere für Mütter und Väter, die vielleicht der Ansicht sind, dass die Kleinsten der Kleinen noch gar nicht die Fähigkeit besäßen, Gott zu erfassen. Diese Ansicht bedarf meiner Überzeugung nach der Korrektur.

In *Child-Sensitive Teaching* erzählt Karyn Henley, wie wichtig es ist, unseren Babys – jawohl, Babys! – Gott auf ganz einfache Weise nahezubringen.[5] Um dies zu bewerkstelligen, müssen wir eine Verbindung zwischen den sensorischen Erfahrungen unserer Kinder und Gott herstellen. Das kann dazu führen, dass sie eine starke Verbindung zwischen ihrer Welt und demjenigen, der diese Welt erschaffen hat, herstellen, auch wenn sie die Bedeutung der verwendeten Worte noch nicht einschätzen können.

Anknüpfungspunkte herzustellen ist relativ einfach. Wenn ein Kleinkind Freude, Ruhe, Frieden oder Wärme erfährt, sollten Sie mit ihm sprechen und dabei eindeutig hervorheben, welche Rolle Gott bei dem einnimmt, was da vor sich geht. Diese Gelegenheiten ergeben sich für Eltern recht häufig und erfordern keinerlei Anstrengungen außer ein paar Worten zur rechten Zeit.

Wenn Sie zum Beispiel ein weinendes Kind trösten, sagen Sie am besten zu ihm mit sanfter Stimme: „Ich bin für dich da und Gott ist immer für dich da." Karyn Henley schlägt auch vor, einem Baby, das eine Banane isst, zu erklären: „Gott hat diese Banane gemacht."[6] Während Sie Ihr kleines Kind im Schaukelstuhl wiegen, können Sie ihm Lieder vorsingen, in denen der Name „Gott" oder „Jesus" häufig vorkommt. Wenn Sie jedoch wie ich musikalisch eher unbegabt sind, singen Sie eben leise. Und lächeln Sie!

Mit der Zeit werden sich die kleinen Gehirnchen an den Namen des Allmächtigen erinnern und an die Gefühle, die sie empfanden, als sie den Namen hörten. Ein automatischer innerer Bezug zwischen Gott und einer herzlichen Umarmung, einer schmackhaften Zwischenmahlzeit, einer besänftigenden Stimme und strahlenden Augen geben einem Kind einen großartigen Start für eine zukünftige Freundschaft mit Gott. Ändern Sie Ihren Gedanken: „Ich muss mich um mein Baby kümmern" in „Ich werde mein Baby mit Gott bekannt machen!" Schließen Sie sich anderen an, die ebenfalls dieses Ziel verfolgen, und praktizieren Sie dies.

Immer mehr Gemeinden verstehen inzwischen, wie

wichtig es ist, diesen Dienst ganz bewusst so durchzuführen und die Kinder nicht nur in der Kleinkindbetreuung lediglich zu versorgen. Hierzu schreibt der Autor und Pastor Jack Hayford von *The Church on the Way* in Los Angeles, Kalifornien, in seinem Buch *Blessing your Children*:

*„Wir helfen den Kleinkindbetreuern zu verstehen, welche Kraft in der persönlichen (angemessenen) Berührung der ihnen anbefohlenen Babys steckt. Diejenigen, die in diesem Arbeitszweig arbeiten, werden dahingehend geschult, an die geistliche Vitalität und Liebe zu glauben und sie zu praktizieren, und zwar auf eine Art und Weise, die den Kleinen Leben einflößen kann. Durch das Gebet, Singen und Sprechen sanfter Worte – auch das Wiegen und Hin- und Herschaukeln eines Kleinkindes – kann das Wirken des Heiligen Geistes von diesen Mitarbeitern auf das Baby überfließen."*[7]

## Kommunizieren Sie eindeutig Gottes Wahrheit und Liebe

Wir sind womöglich an einem Punkt in unserem Erwachsenenleben angelangt, an dem wir es uns zur Gewohnheit gemacht haben, alle Dinge zu verkomplizieren. Wir verwerfen den Glauben, dass Gott gesagt hat: „Es werde Licht! Und es ward Licht", und tauschen ihn gegen Spekulationen über den Urknall ein. Da wird dann der Regenbogen zu einem gebrochenen Lichtspektrum, das von Wassermolekülen reflektiert und erhellt wird, anstatt dass wir darin eine kunstvoll-farbenfrohe Erinnerungshilfe an ein göttliches Versprechen sehen. Und wenn dann der dicke Laubbaum im Garten weichen soll, weil wir uns nicht die Mühe machen wollen, das Laub zusammenzurechen, bringen wir uns um das Wunder, dass Gott solch schöne Bäume erschaffen hat. Kleine Kinder brauchen uns, damit sie später eine andere Sicht der Dinge besitzen.

Wenn Kinder dann aus dem Kleinkindstadium herauswachsen und zwei oder drei Jahre alt werden, tut sich eine neue Gelegenheit auf, um ihnen Gott näherzubringen: Nun können wir ihnen Gottes Wahrheit und Liebe auch verbal kommunizieren – mit Worten zum Ausdruck bringen –, und zwar ... in kleinen Häppchen. Das Geheimnis des Erfolgs umfasst gewöhnliche und unkomplizierte Zutaten, die jeder von uns besitzt: einfache Gedanken, klare Worte und kurze Sätze.

*Das Geheimnis des Erfolgs umfasst gewöhnliche und unkomplizierte Zutaten, die jeder von uns besitzt: einfache Gedanken, klare Worte und kurze Sätze.*

Ähnlich wie bei dem Satz „Gott hat diese Banane gemacht" können Eltern einem kleinen Kind auf ganz natürliche Weise die Wahrheiten über Gott nahebringen, indem sie Begriffe aus der Welt des Kindes verwenden, die dieses sehen und erfahren kann. Dr. James

Dobson formuliert dies wie folgt: „Schon im Alter von drei Jahren ist ein Kind in der Lage, zu lernen, dass die Blumen, der Himmel, die Vögel und selbst der Regenbogen Geschenke aus Gottes Hand sind."[8] Kinder sind in diesem Alter extrem lernfähig und saugen begierig Erklärungen über die Welt auf, die sie zu verstehen suchen. Hierzu ein praktisches Beispiel.

Das Mitarbeiterteam für die Gruppe der Dreijährigen in unserer Gemeinde vermittelte eine Lektion zum Thema: „Gott hat die Welt gemacht." Sicherlich kein leichtes Unterfangen! Jede Woche behandelten wir einen Teil von Gottes Schöpfung, sodass auch ein Dreijähriger es voll und ganz verstehen konnte. In der Woche, in der ich mit der Leitung einer Kleingruppe betraut war, sprachen wir über das Thema „Gott erschuf die Tiere".

In der Plenumsveranstaltung wurde in sehr einfachen Worten erklärt, dass Gott, so wie es im 1. Buch Mose steht, die Tiere erschaffen hat. Danach folgte spielerisch ein Ausflug in den Zoo, wobei wir die Worte der Wahrheit wiederholten: „Gott hat die Tiere gemacht." Danach gingen alle Kinder in ihre Kleingruppe.

Während wir eine Kleinigkeit aßen – Kekse in Tierform, wie könnte es auch anders sein! –, musste jeder reihum den Namen eines Tieres aufsagen und dazu sagen, dass Gott dieses Geschöpf gemacht hat. Ich wandelte dieses Spiel so um, dass ich jedes Kind das Tier, das es aufsagte, nachahmen ließ. Als ich zum Beispiel an der Reihe war, kniete ich mich auf meine Hände und Knie und brummte ziemlich laut. Nachdem ein Kind den „Bären" richtig erraten hatte, sagten wir alle gemeinsam: „Gott hat die Bären gemacht!" Wie sich noch herausstellen sollte, gab es in unserer Gruppe jede Menge Bären.

Nachdem alle bereits zwei Tiere genannt hatten, hatte die Gruppe die Lektion gelernt, doch die Eltern waren noch nicht vom Gottesdienst eingetroffen, um ihre Sprösslinge abzuholen. So blieb noch etwas Zeit, und ich zeigte der Gruppe – zu ihrem Erstaunen –, dass ich einen leeren Pappbecher (in dem sich vorher die Tierkekse befunden hatten) auf meinem Kopf balancieren konnte. Die Lektion sah sicherlich nicht den Trick mit dem Becher vor. Ich wollte damit lediglich die Kinder noch etwas erheitern und die Zeit überbrücken. Als die Eltern dann so langsam eintrudelten, nahm ich schnell den Becher vom Kopf und teilte noch die Blätter für zu Hause aus.

Als Julios Vater seinen Sohn abholen wollte, stand Julio mit einem breiten Lächeln auf und meinte: „Papa, schau mal, was ich heute gelernt habe!", und hob seinen Pappbecher in die Höhe. *O, nein, Julio!*, dachte ich, *du wirst doch wohl nicht den Becher auf deinen Kopf stellen!*

Aber dann posaunte Julio – zu meiner großen Erleichterung – lautstark und stolz: „Gott hat die Tiere gemacht!" Ja, er erinnerte sich doch noch an die wirklich wichtigen Dinge aus der Kleingruppe. Als Eltern begegnet man vielen Möglichkeiten, um diese Lektion – oder auch andere Wahrheiten über Gott – an seine Kinder weiterzugeben. Denken Sie nur an all die Male, wenn Sie Tiere, Pflanzen, Sterne oder andere Beweise der Schöpfung sehen, auf die Sie die Aufmerksamkeit Ihres Kindes lenken können. Doch am meisten kommt es darauf an, dass Sie nach Gelegenheiten Ausschau halten und dann innehalten, wenn sich eine bietet.

Da war also ein kleiner Junge, der den sonntäglichen Kindergottesdienst in dem Wissen verließ, dass er einen Teil dieser Welt verstanden hatte, weil er nun wusste, wer die Tiere gemacht hatte, nämlich Gott. Diese Lektion hatte offenbar bei Julio Erfolg, weil sie mit einfachen Worten in einem kurzen Satz eine simple Wahrheit kommunizierte. Und das lehrt auch uns als Eltern, wie wichtig es ist, dass wir unsere Worte bewusst auswählen und nach Gelegenheiten Ausschau halten, sie einzusetzen.

Welche Länge ist aber kurz genug? Die jahrelange Erfahrung in unserem Dienst hat uns gezeigt, dass fünf Wörter oder weniger ein guter Anhaltspunkt sein können. Sätze, die auf diese Länge beschränkt bleiben, können Gottes Wahrheit und Liebe auf effektive Weise zum Ausdruck bringen und dadurch die Wahrscheinlichkeit erhöhen, dass ein Kind sich an die Worte erinnern wird und sie auch mit seinen/ihren eigenen Worten formulieren kann.

An dieser Stelle sollten wir uns einen Augenblick Zeit nehmen und uns mehrere einfache Aussagen in maximal fünf Worten über die Wahrheiten Gottes überlegen, die unsere Zwei- oder Dreijährigen auch verstehen können, wie zum Beispiel:

- Gott hat die Tiere erschaffen.
- Gott hat den Himmel gemacht.
- Gott wird mir helfen.
- Die Bibel ist wahr.

Man könnte die Liste beliebig fortsetzen. Was die praktische Anwendung dieser Übung angeht, ist es am einfachsten, wenn Sie sich einmal in Ihrer Umgebung umschauen, in der Sie mit Ihren Kindern Zeit verbringen. Spielzeuge oder Stofftiere, Bilderbücher, Ihr Garten oder ein Park – alle Orte und Dinge können solche Gelegenheiten schaffen. Wenn Sie Ihren Kindern diese Worte vorsagen, können sich scheinbar lockere Spielzeiten in ideale Gelegenheiten verwandeln, um Einsichten über Gott zu vermitteln.

Auf Ihrer Liste sollten auch Aussagen über die Liebe nicht fehlen. Sie reichen ein unglaubliches Geschenk an Ihr Kind weiter, wenn es Sie – die Person, der es vermutlich am meisten vertraut – über *Ihre* Liebe zu Jesus und Jesu Liebe zu Ihnen reden hört. Wichtig ist nur, dass Sie daran denken, sich kurz und klar und mit einfachen Worten auszudrücken, sodass Ihr Kind Ihre Worte ganz einfach wiederholen kann, wenn es das möchte: „Jesus liebt mich", „Jesus liebt dich" oder sogar: „Ich *liep* Jesus." Welch großartige Möglichkeit haben wir doch, unseren Kindern die wichtigsten Worte im Leben mitgeben zu können, bevor überhaupt erst Zweifel, Skepsis oder Probleme auf den Plan treten!

## Verstärken Sie aktiv die Botschaft!

Abgesehen von den Worten, die wir verwenden, bilden auch Taten eine Schlüsselrolle bei den Dingen, die wir über Gott kommunizieren. Stellen Sie sich vor, wie die Liebe ankommt, die Sie zum Ausdruck bringen, wenn Sie ein weinendes Kind hochheben, um ihm Trost zu spenden – und wie sich erst das Kind dadurch fühlt. John Trent meint: „Wenn Sie sie halten, lieben, füttern und warmhalten, stellen Sie sicher, dass ihre Welt gut und sicher ist. Wenn Sie ihnen dann zu gegebener Zeit erzählen, dass Gott sie liebt und sich um sie kümmert, stellen Sie den Bezug zwischen Ihrem liebevollen Verhalten und Gottes aktiver Liebe zu ihnen her."[9] Diese Verhaltensweisen fangen beim Neugeborenen schon an und müssen sich dann fortsetzen, wenn die Kinder älter werden.

In seinem Buch *The Wonder of Girls* sagt Michael Gurian: „Wenn ein Vater die Zeit findet, seine Tochter zu knuddeln, ihr zuzuhören, sie in der Luft herumzuwirbeln, mit ihr zu tanzen, neben ihr herzurennen, sie zu lehren, zu trösten und zu beschützen, gibt er ihr das Geschenk des Lebens."[10] Was damit beginnt, dass man sein Kind auf dem Arm wiegt, setzt sich in den bedeutsamen, Leben spendenden Momenten in denselben Armen fort, wenn Sie beide älter werden.

In welcher Weise helfen Ihnen diese Augenblicke des Trostes, der Aufmerksamkeit oder Zuneigung dabei, Ihrem Kind etwas über Gottes Liebe zu erzählen? Ganz einfach. Wenn ein Kind sieht, dass eine große Person (alle Eltern sind in den Augen von Kindern wirklich groß!) sich auf seine Ebene herablässt, um sich auf es einzulassen, fühlt es sich wertgeschätzt. Der Gedanke „Ich muss wichtig sein" geht durch sein Unterbewusstsein. Und wenn ein Kind glaubt, dass es großen Leuten wichtig ist, rückt das Kind dem Glauben näher, dass Gott es ebenfalls schätzt. Der Sprung zu „Gott liebt mich" wird dann zu einem einfacheren Schritt. Jesus lehrte diesen Punkt immer wieder. Und er brauchte dazu nicht viele Worte. Seine Methode verdient unsere ganze Aufmerksamkeit.

Jesus legte seine Hände Kindern auf, um sie zu segnen. „Eines Tages brachte man Kinder zu Jesus, damit er sie segnete und für sie betete. Aber die Jünger wollten sie wegschicken. Doch Jesus sagte: ‚Lasst die Kinder zu mir kommen und haltet sie nicht zurück, denn für Menschen wie sie ist Gottes neue Welt bestimmt.' Er legte ihnen die Hände auf und segnete sie. Danach zog er weiter" (Matthäus 19,13–15; HFA). Er hätte einfach dastehen und in Richtung der Kinder ein Gebet für sie sprechen können, aber er wusste, welch große Rolle segnende Berührungen in der Kommunikation mit Kindern spielen.

Oder denken wir nur an die große Zuneigung, die Leprakranke empfanden, als Jesus die Hand ausstreckte und sie am Körper berührte. Diese elenden Menschen, die von der restlichen Gesellschaft ausgeschlossen wurden, weil sie

„unrein“ und krank waren, hatten wahrscheinlich sonst niemanden, der sich ihnen überhaupt näherte. Aber Jesus wusste, wie er die göttliche Liebe durch Berührung verdeutlichen konnte. Vielleicht war es bei manchen nur ein kurzer Kontakt, aber diese Augenblicke hatten es in sich und veränderten das Leben von vielen, vielleicht sogar von denen, die es mit ansahen. Der Einfluss von Jesu Bereitschaft, mit Leprakranken in Kontakt zu treten, wird noch dadurch unterstrichen, dass Matthäus seine Aufzählung der vielen Wunder Christi mit dem Bericht von der Heilung des Aussätzigen beginnt (Matthäus 8,1–4).

Ich erlebte selbst einmal, wie wichtig die Berührung eines anderen Menschen ist, als ich einem Jungen, der an den Rollstuhl gefesselt war, half, trotz seiner körperlichen Einschränkungen in unserem Dienstbereich mitzuarbeiten. Eines Sonntagmorgens, als wir uns verabschiedeten, sah es so aus, als wollte er mich umarmen. Bis dahin hatte ich ihn noch nie umarmt und wusste auch nicht, ob das angebracht war. Ich hatte Angst, dass ich ihn in irgendeiner Weise verletzen könnte. Ich beugte mich trotzdem zu ihm hinunter, legte meine Hände um ihn, so gut ich eben konnte, und umarmte ihn. Er hielt mich eine ganze Zeitlang ganz fest. Als mir schließlich der Rücken anfing wehzutun, stand ich auf. „Das war 'ne Umarmung!“, sagte ich.

„Nicht viele Leute sind bereit, mich zu umarmen“, war seine Antwort.

Und ich muss selbst gestehen: Ich tue mich auch schwer damit, andere Menschen außer meiner Frau und unsere beiden Kindern zu umarmen. Aber ich fühle immer noch den Kloß im Hals, wenn ich an all die Sonntage denke, die erst vorbeigehen mussten, bevor ich diesen kleinen Jungen umarmen konnte. Ich muss mich von der Annahme freimachen, dass Kinder schon auf andere Art Gottes Liebe spüren – und das wünsche ich auch Ihnen, insbesondere im Hinblick auf Ihre eigenen Kinder.

Ich erinnere mich noch genau an den Augenblick, als ich beschloss, aus meinem „Umarme-niemals-andere"-Wohlfühlbereich auszubrechen. Mein Vater und ich nahmen kurz nach der Geburt meines Sohnes an einer großen Männerfreizeit teil. Während eines Vortrags, in dem es darum ging, Männern zu helfen, ihre Liebe zum Ausdruck zu bringen, forderte der Redner alle Väter und Söhne im Publikum dazu auf, einander in die Arme zu nehmen und „Ich hab dich lieb" zu sagen. Mein Vater und ich saßen eine Schreckenssekunde lang wie angewurzelt auf unseren Stühlen.

*Wird er es tun?*, fragte ich mich. Noch eine Sekunde verging.

Dann schoss mir ein Gedanke durch den Kopf. *Wie steht es mit* dir? *Wirst* du *es tun?"*

Eine weitere Sekunde verstrich.

Es bestand kein Zweifel daran, dass mein Vater mich liebte und ich ihn. Aber diese Liebe zum Ausdruck zu bringen, machte es erforderlich, dass ein untrainierter Muskel sich bewegte. Und noch eine Sekunde ging ins Land.

Der Gedanke kehrte wieder: *Was ist mit* dir? Ich musste etwas tun.

Und dann – wie auf Kommando – umarmten wir uns beide gleichzeitig. Während dieser langen Umarmung versprach ich Gott, dass meine Kinder meine Liebe so hören und spüren sollten, dass sie bei dem Gedanken, dass ich in diesem Bereich einmal Probleme hatte, lachen würden. Ich würde mein Bestes geben, um die Distanz zwischen der himmlischen Liebe des Vaters und dem, was sie von ihrem irdischen Vater bekamen, zu verringern. Die Umarmung des Rollstuhlfahrers drei Jahre später versetzte mich in die Lage, diesen Entschluss auch über den Familienkreis hinaus umzusetzen.

## *Legen Sie ein tragfähiges Fundament*

Jedes Kind entwickelt ein Verständnis von Liebe (ob nun gut oder schlecht), welches ihm als Grundlage dient, auf der es seine späteren geistlichen Glaubensüberzeugungen aufbauen wird. Wenn ein Kind Liebe erfährt, fangen viele christliche Standpunkte an, einen Sinn zu ergeben. Warum sandte Gott seinen einzigen Sohn in die Welt? Weil er die Welt so *liebte*. Wie Mutter Teresa einmal sagte: „Liebe und Glaube gehen Hand in Hand."[11] Als Eltern können wir diese Grundlage untermauern – was allen Eltern Anlass zu der kritischen Frage gibt: Wird Ihr Kind von Ihnen etwas über die Liebe lernen – und wie? Wenn Sie sich gefragt haben, wie Sie die Inhalte dieses Kapitels am besten in die Praxis umsetzen können, dann geht es genau um diese Frage!

Wenn wir die Welt eines jungen Sohnes, einer jungen Tochter positiv mit Gott in Verbindung bringen, Gottes Wahrheit vermitteln und deutlich machen, dass er sie liebt – und diese Botschaft ganz bewusst durch unser Handeln verstärken –, helfen wir unserem Kind, der Entscheidung für Jesus einen Schritt näherzukommen. Manchmal sind die Schritte entlang des Weges groß und manchmal sind sie klein. Doch gleichgültig, wie groß die Schrittlänge und der Fußabdruck auch sein mögen – jeder Schritt ist wichtig, denn wenn wir Gottes Wahrheit und Liebe weitergeben, ebnen wir den Weg zu einem künftigen geistlichen Wachstum. Petrus schreibt von seinem Wunsch, dass „ihr ... zunehmt zu eurem Heil, da ihr ja geschmeckt habt, dass der Herr freundlich ist" (1. Petrus 2,2–3; LÜ). Wir können Kindern in ihren jungen Jahren einen kleinen Vorgeschmack davon geben – einen, der in nicht allzu ferner Zukunft zu einem richtigen Hunger wird.

## Kurz nachgedacht

1. Fuhren Sie bei jeder Frage mehrere einfache Aussagen an, die aus maximal fünf Wörtern bestehen:

   - Wer ist Gott?

   - Was macht Gott?

   - Welche Dinge erinnern uns an Gott?

   - Wie lässt sich Gottes Liebe beschreiben?

2. Schreiben Sie Ihrem Sohn oder Ihrer Tochter eine kurze Notiz, in der Sie Ihrer Liebe zu ihm oder ihr Ausdruck verleihen. Lesen Sie diese Notiz Ihrem Kind immer wieder einmal vor und umarmen Sie es danach!

*Kapitel 6*

# *Was ist, wenn ich keine Geschichte zu erzählen habe?*

Wenn Sie möglichst viel aus den „Kröten" herausholen wollen, die man zahlen muss, um den Freizeitpark überhaupt zu betreten, hätte ich da einen Tipp: Kommen Sie bereits vor Toröffnung. Die Veteranen unter den Besuchern wissen, dass die ersten ein, zwei Stunden nach Öffnung des Parks die spaßigsten sind, und das aus einem einfachen Grund: Es gibt zu dieser Zeit weniger Besucher. Und das bedeutet auch, dass man weniger Zeit in Warteschlangen verbringt und mehr Zeit damit, die Attraktionen zu genießen.

An einem schönen Sommermorgen machte unsere Familie sich sehr früh auf den Weg zu einem unserer Lieblingsparks. Wir kauften die Eintrittskarten und stellten uns in der Nähe des Drehkreuzes am Haupteingang auf. Gespannt erwarteten wir den Augenblick, wenn wir zu unseren Lieblingsattraktionen stürmen konnten. Der Zeiger auf der Uhr rückte der offiziellen Öffnungszeit immer näher. Parkangestellte mischten sich unter die Menschenmenge und riefen etwas in die Menge, was mir banal vorkam.

„Bitte lösen Sie eine Eintrittskarte."

„Bitte stellen Sie sicher, dass Sie Ihre Eintrittskarte griffbereit haben."

„Ohne gültige Eintrittskarte kann niemand den Park betreten."

Ich fragte mich, warum sie uns an so etwas Grundlegendes erinnern mussten. Es war doch logisch, dass jeder eine Karte brauchte. (Natürlich nur, um sicherzugehen, überprüfte ich nochmals, ob ich noch vier davon mein Eigen nennen konnte.) Bald öffneten sich die Schranken und unsere Schlange setzte sich im Gänsemarsch in Richtung Park in Bewegung. Was dann als Nächstes passierte, versetzte mich in Erstaunen. Ein junger Mann vor uns in der Reihe hatte doch keine Eintrittskarte! Stattdessen händigte er dem Aufseher einen Coupon aus, der ihm freien Eintritt garantieren sollte.

„Es tut mir leid, mein Herr", sagte der Mann, der den Gutschein entgegennahm, „aber zum einen müssen Sie eine Eintrittskarte haben, damit ich Sie hineinlassen kann. Und zum anderen berechtigt Sie der Coupon nur zum freien Eintritt, wenn Sie noch ein zweites Ticket zum vollen Preis kaufen."

Ich zählte unsere Karten zum sechsten Mal innerhalb von fünf Minuten nach – natürlich nur, um sicherzugehen, dass mir nicht die gleiche Peinlichkeit wie dem jungen Mann passieren würde. Er musste erleben, dass solche Ankündigungen doch nicht so dumm waren, wie er dachte. Ohne gültige Eintrittskarte kommt man am Eingangstor eben nicht hinein. Man kann einen Gutschein oder seine Kreditkarte vorzeigen. Man kann dem Aufseher mit einem Bündel von Hundertdollarnoten zuwinken. Aber nur ein gekauftes Ticket bringt einen durch das Eingangstor.

Szenenwechsel. Anderer Ort, ähnliche Situation.

Sie fahren zu einem Vergnügungspark, steigen aus dem

Wagen und steuern auf den Eingang zu. Während Sie in der Warteschlange stehen, bekommen Sie mit, dass Sie ein Ticket benötigen. Deshalb gehen Sie zum Schalter und fordern eines an. Der Angestellte nennt Ihnen den Preis und Sie atmen erst einmal tief durch. So weit eine ganz realistische Geschichte.

Stellen Sie sich nun einmal vor, dass der Betrag, den der Eintritt kosten soll, bei Weitem die Summe übersteigt, die Sie in Ihrem Leben je verdienen werden. Da stehen Sie nun – völlig perplex – und wissen nicht, was Sie tun sollen. Sie haben nur noch die Möglichkeit, aus der Schlange auszuscheren. Oder gibt es vielleicht doch eine andere Lösung?

Während Sie noch bestürzt in der Warteschlange stehen, ruft ihnen jemand etwas zu. Die Stimme kennen Sie doch! Ja, klar. Sie geben Antwort. Die Person will Ihr Ticket bezahlen! Sie müssen lediglich ihre großherzige Geste annehmen. Der Betreffende macht sogar jedem dieses Angebot. So gelangen Sie schließlich in den Park und wundern sich, wie jemand nur ein solches Angebot ausschlagen konnte.

Als Sie sich dann im Park befinden, blicken Sie auf all die Personen zurück, die vor der Schranke geblieben sind. Einigen davon sagen Sie, dass sie doch auch das kostenlose Angebot annehmen sollten. „Es ist der einzige Weg, um hineinzukommen. Und er ist umsonst", erklären Sie. „Ich bin jedenfalls drin." Die Leute, die Ihnen zuhören, nehmen Ihnen das Gesagte ab. Sie glauben dem, was Sie sagen, weil Ihre Worte Ihrer eigenen Erfahrung entspringen. Sie holen sich ebenfalls die Freischeine und kommen zu Ihnen in den Park.

Aber Sie sehen, dass es immer noch ein paar Personen draußen vor dem Tor gibt, die anderen ebenfalls davon erzählen, dass sie eine Eintrittskarte brauchen und dass es da einen Mann gibt, der ihnen ein großzügiges Angebot macht. Doch es gelingt diesen Leuten nicht, jemanden umzustimmen, weil es ihnen an Glaubwürdigkeit mangelt. Wer würde schon dem Rat von jemandem folgen, der selbst noch von einer so beachtlichen Offerte profitieren müsste?

Ist das nicht eine Analogie zu dem freien Geschenk der Gnade Jesu, das wir annehmen sollten?! Sicher ist es das! Der „Eintrittspreis" zu einer Beziehung mit Gott übersteigt alles, was Sie oder ich jemals bezahlen können. Deshalb hat Jesus den Preis für uns bezahlt, als er am Kreuz starb. Aber was hat diese ganze Sache mit der Eintrittskarte mit dem Thema des Buches zu tun, in dem es ja darum geht, Kinder mit Jesus bekanntzumachen?

Eine ganze Menge! Weil wir nämlich als Eltern nur dann mit unseren Kindern glaubhaft über Jesus reden können, wenn wir selbst eine Beziehung zu Jesus Christus eingegangen sind. Und diesen Punkt sollten wir nicht außer Acht lassen.

Eine Umfrage von George Barna hat ergeben, dass „Er-

wachsene, die behaupten, sie seien Christen, aber niemals ihren Glauben an Jesus Christus bezeugt haben, fast die Hälfte aller Kirch- bzw. Gemeindegänger in den USA ausmachen".[1] Das heißt also, dass ein großer Prozentsatz der Menschen, die am Gemeindeleben teilnehmen, niemals ernsthaft die Ziellinie zum Glauben überschritten hat. Sie halten sich zwar am Parkeingang auf, nehmen aber nie das Ticket an, um auch hineinzugehen.

Wir können davon ausgehen, dass einige dieser Individuen Eltern sind. Und viele von ihnen führen vielleicht sogar mit ihren Kindern Gespräche über den Glauben an Jesus. Einige lesen vielleicht sogar das vorliegende Buch – und das ist auch der Grund, warum ich dieses Kapitel einfüge. Diese eine Hälfte von Erwachsenen in der Gemeinde schließt möglicherweise auch Sie mit ein. Wenn ja, können Sie sich zunächst einmal beruhigt zurücklehnen. Sie haben nichts Verkehrtes getan. Sie haben lediglich eine längere Wegstrecke auf Ihrer geistlichen Reise zurückzulegen, bevor Sie Ihr persönliches Bedürfnis erkennen, Jesus einzuladen, Sie dabei zu begleiten.

Diese Beziehung könnte für Sie schon so nahe sein wie das Ende dieses Kapitels. Lassen Sie uns also persönlich werden.

## *Ihre Eintrittskarte*

In Apostelgeschichte 2, Vers 39 beschreibt Petrus das Angebot der Errettung folgendermaßen: „Denn was Gott versprochen hat, ist für euch und eure Kinder bestimmt und für alle, die jetzt noch fern sind und die der Herr, unser Gott, hinzurufen wird." Beachten Sie die Reihenfolge: zuerst Sie, dann Ihre Kinder und dann alle anderen.

Wie sicher sind Sie sich, dass Sie eine Eintrittskarte haben? Viele Leute ringen noch mit einer ehrlichen Antwort.

Donald Cole, Pastor im *Moody Broadcast Network*, sagte einmal, dass die häufigste Frage, die von Anrufern seines Radioprogramms gestellt wurde – selbst von solchen, die sich selbst für Christen hielten –, die sei, „ob sie gerettet werden und es mit Sicherheit *wissen* könnten".[2] Aber selbst wenn das Ringen um eine solche Glaubensgewissheit ziemlich weit verbreitet zu sein scheint, sollten Sie sich daran erinnern, dass die Antwort auf die Frage große Bedeutung für Ihr jetziges und Ihr zukünftiges Leben hat.

*Wie sicher sind Sie sich, dass Sie eine Eintrittskarte haben? Viele Leute ringen noch mit einer ehrlichen Antwort.*

In seinem Buch „Leben mit Vision" spricht Rick Warren Folgendes an:

> *„Eines Tages werden Sie vor Gott stehen. Er wird Sie nach Ihrem Leben fragen* [...]. *Wir können davon ausgehen, dass die beiden entscheidenden Fragen folgendermaßen lauten werden: Die erste Frage lautet: ‚Was hast du mit meinem Sohn, Jesus Christus, gemacht?' Gott wird uns nicht nach unserem religiösen Hintergrund oder unserer Haltung zu bestimmten Lehrmeinungen fragen. Die entscheidende Frage lautet: Haben Sie für sich in Anspruch genommen, was Jesus Christus für Sie getan hat, und haben Sie gelernt, in einer von Liebe und Vertrauen geprägten Beziehung mit Christus zu leben?"*

Rick Warren nimmt noch die zweite Frage Gottes vorweg: „‚Was hast du mit dem gemacht, was ich dir gegeben habe?' Was haben Sie mit Ihrem Leben gemacht – mit den Gaben und Talenten, mit den Möglichkeiten und Chancen, mit den Menschen, die Gott an Ihre Seite gestellt hat?"[3]

Viele Eltern verweisen auf ihre Aufgaben als Mutter oder Vater und sehen darin einen Teil ihrer Antwort auf

Gottes zweite Frage. Eine klare, entschiedene Antwort auf die erste Frage erweist sich für einige von ihnen jedoch als schwierig.

Deshalb sollten wir, nur um ganz sicherzugehen, nochmals überprüfen, ob wir auch wirklich unsere Eintrittskarte haben.

Um am meisten von diesem Kapitel zu profitieren, sollten Sie nicht zu voreilig auf die Fragen nach Ihrem persönlichen Glauben reagieren. Diese Fragen gehen auf eine Anweisung aus dem Alten Testament zurück, die sich an Mütter und Väter richtet. Nachdem wir diesen wichtigen Ratschlag an Eltern betrachtet haben, sehen wir uns an, was es mit der Beziehung zu Gott auf sich hat, was diese ist und – was genauso wichtig ist – was diese nicht ist.

## *Anweisung aus dem Alten Testament*

*„Bewahrt die Worte im Herzen, die ich euch heute sage! Prägt sie euren Kindern ein! Redet immer und überall davon, ob ihr zu Hause oder unterwegs seid, ob ihr euch schlafen legt oder aufsteht. Schreibt euch diese Worte zur Erinnerung auf ein Band, und bindet es um die Hand und die Stirn! Ritzt sie ein in die Pfosten eurer Haustüren und Stadttore!“* (5. Mose 6,6–9).

Zweifellos enthält die Bibel Abschnitte, die nicht ganz einfach zu verstehen sind. Aber dieser gehört nicht dazu. Es ist ganz klar, dass in erster Linie den Eltern die Verantwortung zukommt, ihre Kinder im Glauben an Gott zu unterweisen, und nicht der Gemeinde. Und mit Sicherheit geht es auch nicht darum, dass sie „auf sich alleine gestellt herausfinden, was es mit dem Glauben auf sich hat“. Gott erwartet ganz eindeutig von uns, dass Sie und ich oft mit unseren eigenen Kindern über ihn sprechen. Dieses Buch soll Sie dabei unterstützen, das auch möglichst gut zu tun. Der Vers, der unmittelbar vor dieser Anweisung steht, spielt allerdings eine Schlüsselrolle dabei, dass wir bedeutsame Gespräche führen.

*„Ihr sollt ihn von ganzem Herzen lieben, mit ganzer Hingabe, mit all eurer Kraft“* (5. Mose 6,5).

Dieses Gebot taucht genau vor der elterlichen Direktive auf, was ich nicht für einen Zufall halte. Wir können in Vers 5 vielmehr eine göttliche Notwendigkeit sehen. Mit anderen Worten: Bevor wir mit unseren Kindern über Gott reden, sollten wir uns vergewissern, dass wir uns selbst in einer bedeutsamen Beziehung zu Gott befinden.

Der Ausdruck „in einer bedeutsamen Beziehung zu Gott“ bedarf noch der Klärung. Viele Leute lassen diese Klarheit vermissen und sind sich dessen noch nicht einmal bewusst. Ich habe hingegen schon so meine eigenen Erfahrungen mit diesem Versäumnis gemacht.

Wie ich bereits eingangs erwähnte, lernte ich mit 29 Jahren den wichtigen Unterschied zwischen „Informationen über Gott besitzen“ und „wissen, dass ich eine Beziehung zu Christus habe“. Ich glaubte, dass Sünden etwas Böses seien, aber ich musste ebenfalls glauben, dass das auch auf *meine* Sünden zutraf. Ich glaubte, dass Christus am Kreuz starb, aber ich musste noch glauben, dass er für *mich* starb. Ich glaubte, dass er Vergebung anbot für die Sünden aller Menschen, aber ich musste noch glauben, dass *ich* diese Vergebung brauchte. All mein Wissen über Gott wurde zum persönlichen Glauben – eine Überzeugung, die so stark war, dass ich schließlich Jesu Geschenk der Gnade annahm und dann mein restliches Leben einer aktiven Beziehung zu ihm anvertraute.

All das fand statt, lange nachdem ich meine ganze Kindheit hindurch in die Gemeinde gegangen war. Ich saß viele Jahre lang im wahrsten Sinne des Wortes alle sieben Tage im Haus Gottes und war umgeben von Gottes Wort und guten Leuten. Als Kind und junger Erwachsener stand ich nur eine klare Erklärung der Rettungsbotschaft von der Möglichkeit entfernt, mein Leben Jesus anzuvertrauen. Leider bekam ich diese Erklärung nie. Das passiert auch heute noch mit Leuten, die jahrelang aktive Gemeindegänger sind.

*Mit 29 Jahren lernte ich den wichtigen Unterschied zwischen „Informationen über Gott besitzen" und „wissen, dass ich eine Beziehung zu Christus habe".*

In jüngster Vergangenheit engagierte ich mich fünf Jahre lang als freiwilliger Mitarbeiter im evangelistischen Dienst unserer Gemeinde. Neben seinen zahlreichen Verantwortlichkeiten las unser Team die schriftlichen Zeugnisse aller Erwachsenen, die sich zur Taufe angemeldet hatten. Was für ein Vorrecht! Wir stolperten häufig über Geschichten von Einzelnen, die schon seit Jahren in die Gemeinde kamen und sich sogar als freiwillige Mitarbeiter engagierten. Jede Geschichte beschrieb natürlich auch den lebensverändernden Augenblick, der Klarheit brachte und die betreffende Person erkennen ließ, dass sie einen Erlöser brauchte. Die Glaubensreise jedes Einzelnen verlief unterschiedlich, aber jede endete an einem ähnlichen Ort: Der Betreffende bekannte seine Schuld, glaubte daran, dass Christus für diese Sünden starb, und beschloss, ihm zu folgen. (Wie könnte es auch anders sein: die Punkte des 3-Punkte-Gebets!) Diese persönlichen Zeugnisse bestätigten uns, dass ein Gemeindebesuch und eine Beteiligung am Dienst manchmal einer persönlichen Beziehung zu Christus vorausgehen. Und das ist in Ordnung so – solange die Beziehung irgendwann auch in Gang kommt.

## *Gott klopft an*

Gott hat unbegrenzte Möglichkeiten, mit uns zu kommunizieren – eine davon besteht darin, einer Person einfach nur einen Anstoß zu geben und dann auf ihre Antwort zu warten. Gott forderte Abraham (1. Mose 12) dazu auf, seinen Sohn Isaak zu opfern, und wartete dann darauf, was passieren würde. Er brachte einen Dornbusch in der Nähe von Mose (2. Mose 3) zum Lodern und wartete dann darauf, ob die Flammen Moses Aufmerksamkeit erregen würden. Er weckte immer wieder einen kleinen Jungen namens Samuel (1. Samuel 3) auf, indem er dessen Namen rief und dann geduldig auf Samuels Antwort wartete. Auch heute noch klopft Gott bei Menschen an. Er spricht sie an – selbst diejenigen, die ihn noch nicht kennen. Und er wartet immer noch auf ihre Antwort.

Ist es möglich, dass Ihnen bei Kapitel 2 – wo es um das Verfassen und Ausfeilen Ihrer Glaubensgeschichte ging – klar wurde, dass Sie gar keine eigene Geschichte haben? Oder sprach Sie in Kapitel 3 der – für Kinder verfasste – Rettungsplan auf eine Weise an wie nie zuvor? Oder haben Sie in Kapitel 4 womöglich von einem Gebet (3-Punkte-Gebet) gelesen, das Sie heute noch zu sprechen hätten?

Wenn Ihnen Ihr Herz bei einer dieser Fragen ein „Ja" zugeflüstert hat, dann hat Gott vielleicht bei Ihnen angeklopft. Und vielleicht wird Sie dieser Anstoß zu der ehrlichen Erkenntnis führen, dass Sie immer noch den letzten Schritt zum Glauben gehen müssen: „Denn wenn du mit deinem Mund bekennst: ‚Jesus ist der Herr!', und wenn du von ganzem Herzen glaubst, dass Gott ihn von den Toten auferweckt hat, dann wirst du gerettet werden" (Römer 10,9; HFA). Während Sie nach einer Antwort suchen, bitte ich Sie noch einmal, dass Sie sich nicht länger gegen eine Reaktion oder einen festen Entschluss sperren.

Dieses Buch soll Ihnen dabei helfen, als Eltern zu lernen, klar mit Kindern über Jesus zu reden. In diesem Sinne wollen wir also Wahrheiten in Worte fassen, die zunächst Erwachsenen Klarheit über das Christsein verschaffen. Auch wenn Christen typischerweise sonntags den Gottesdienst besuchen, so machen doch der Kirchgang oder der Besuch einer Gemeinde oder andere religiöse Aktivitäten noch lange niemanden zu einem Nachfolger Jesu. Obwohl viele Christen ihre Zeit und Gaben im Dienst für Gott einsetzen, macht die Mitarbeit in einer Gemeinde noch längst niemanden zum Christen. Auch die Bibel gut zu kennen oder wirklich eine gute Person zu sein, schafft das nicht. C. S. Lewis beschrieb einmal ein Schlüsselerlebnis bei seiner Reise auf dem Weg zu einem authentischen Glauben: „Ich habe gerade übergewechselt von einem Glauben an Gott hin zu einem festen Glauben an Jesus Christus – an das Christsein."[4]

### Persönliche Frage Nr. 1: Was würde Jesus über Sie sagen?

Wie steht's mit Ihnen? Die Frage ist doch die, ob Sie eine Beziehung zu Christus haben. Aber eine noch viel wichtigere Frage lautet: Würde *Jesus* sagen, dass Sie in einer Beziehung zu ihm stehen? Er verweist an einer Stelle (Matthäus 7,23; HFA) darauf, wie wichtig Ihre Antwort auf diese Frage ist: „Aber ich werde ihnen antworten: ‚Ich kenne euch nicht, denn ihr habt nicht nach meinem Willen gelebt. Geht mir aus den Augen!'" Personen, die nur die allerbesten Absichten verfolgen, werden dann versuchen, aufgrund ihrer Kenntnisse und ihres Wissens über Jesus – oder womöglich aufgrund ihres regelmäßigen Kirchenbesuches oder ihrer Mitarbeit in der Gemeinde – in den Himmel zu kommen, nur um abgewiesen zu werden, weil Christus sie nicht wirklich kannte. Was würde Jesus also gerade jetzt über Sie sagen? Halten Sie kurz inne und beschäftigen Sie sich eine Weile mit dieser Frage.

Während eines Frühstückstreffens vor nicht allzu langer Zeit gab mein Freund Dave eine Zusammenfassung seiner geistlichen Reise zum Besten: „Als Kind kannte ich eine Vielzahl von Versen, aber in meinem Leben änderte sich nichts, bis ich auf den Trichter kam, dass Gott nicht nur auf den Seiten der Bibel zu finden war: Er steht mir zur Seite." Und dieser Ortswechsel – von der gedruckten Seite zur persönlichen Gegenwart – macht einen gewaltigen Unterschied, weil er nach einer Antwort verlangt.

### Persönliche Frage Nr. 2:
### Haben Sie die Einladung angenommen?

Shane Claiborne, eine Missionarin in Philadelphia, die auch eine überzeugende Rednerin ist, eröffnet uns eine interessante Perspektive im Hinblick auf Jesu Worte in der Bibel, wenn sie fragt: „Was wäre, wenn er das alles wirklich so gemeint hat?"[5] Da wohl anzunehmen ist, dass Jesus das ernst meinte, was er sagte, sollten Ihr Leben und das meine Beweise dafür sein, dass an seinen Aussagen wirklich etwas dran ist. Ist das schon passiert? Fragen Sie sich doch einmal beim Lesen der nachfolgenden Worte Jesu, welchen Einfluss sie auf Ihr Leben haben sollten:

*„Ich bin der Weg, ich bin die Wahrheit, und ich bin das Leben! Ohne mich kann niemand zum Vater kommen"* (Johannes 14,6; HFA).

*„Trachtet zuerst nach dem Reich Gottes und nach seiner Gerechtigkeit, so wird euch das alles zufallen"* (Matthäus 6,33; LÜ).

*„Ich aber bin gekommen, um ihnen das Leben zu geben, Leben im Überfluss"* (Johannes 10,10).

*„Ich habe euch dies gesagt, damit meine Freude euch erfüllt und an eurer Freude nichts mehr fehlt“* (Johannes 15,11).

*„‚Liebe den Herrn, deinen Gott, von ganzem Herzen, mit ganzem Willen und mit deinem ganzen Verstand!‘ Dies ist das größte und wichtigste Gebot“* (Matthäus 22,37–38).

*„Komm und folge mir!“* (Lukas 18,22).

Um Ihr Kind zu einer echten, authentischen Beziehung zu Jesus Christus führen zu können, müssen Sie als Allererstes selbst diese Beziehung zu ihm haben. Sie können nur das weitergeben, was Sie selbst besitzen. Wenn sich innerlich bei Ihnen etwas geregt hat, halten Sie einen Augenblick inne, hören Sie auf zu lesen und antworten Sie Gott. Wie Sie in Kapitel 5 schon gelesen haben, ist es ganz einfach, das 3-Punkte-Gebet zu sprechen.

1. Bekenne, dass du in deinem Leben schon vieles falsch gemacht hast.
2. Glaube daran, dass Jesus auf diese Welt kam und starb, um dir Vergebung zu ermöglichen.
3. Entscheide dich dafür, Jesus, Gottes Sohn, für immer zum Freund zu haben.

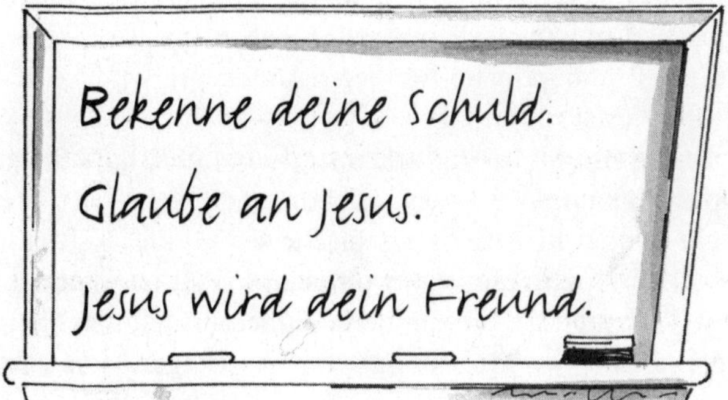

## *Immer noch am Ball?*

Für einige ist der schwierigste Abschnitt auf ihrer Reise zu Jesus der, sich von ihrem eigenen Stolz zu verabschieden und demütig Christus zu sagen, dass sie ihm ihr Leben anvertrauen wollen. Insbesondere wenn andere davon ausgehen, dass sie Christen sind und bereits den Schritt getan haben. Wenn das bei Ihnen der Fall ist, sollte das kein Problem sein. Manche Personen stellen zu ganz unterschiedlichen Zeiten in ihrem Leben fest, dass sie Jesus brauchen. Und manchmal kommt der Zeitpunkt dafür sehr überraschend.

Der legendäre Basketballtrainer John Wooden sagte einmal: „Als ich getauft wurde, hatte ich Christus noch nicht wirklich in mein Leben eingeladen. Ich dachte, ich hätte es getan, aber da lag ich falsch.“[6] John Wooden ist nur einer von vielen, die die Wahrheit verstanden haben, die Rick Warren in „Leben mit Vision“ wie folgt formuliert hat: „Die Taufe macht Sie nicht zu einem Mitglied der Familie Gottes, dies kann nur der Glaube an Jesus Christus selbst.“[7]

Die gleiche – manchmal überraschende – Wahrheit trifft auch auf andere Zeremonien und Rituale zu. In der Bibel heißt es, dass Gott vor allem interessiert, wie es um unser Herz bestellt ist: „Ihn zu lieben von ganzem Herzen, mit ganzem Verstand und mit aller Kraft und unsre Mitmenschen zu lieben wie uns selbst, das ist viel wichtiger als alle die Brandopfer und anderen Opfer, die wir ihm darbringen“ (Markus 12,33).

Und wenn Sie zu der Erkenntnis kommen, dass Sie auf Gottes Einladung erst noch antworten müssen: Gott überrascht das gar nicht! Er erwartet Sie schon! Er hat Ihr ganzes Leben lang darauf gewartet, dass Sie zu ihm kommen. Diese Wartezeit ist bei manchen kürzer ausgefallen als bei anderen, was jeweils seine ganz einzigartigen Herausforderungen darstellen kann.

Wie wir bereits gesehen haben, belegen Statistiken, dass die meisten Christen ihre Beziehung zu Jesus im Alter von 13 Jahren[8] begannen. „Was hatte ich in diesem Alter schon zu bekennen? Dass ich meine Schwester gehauen hatte?", fragt sich der frühere Präsident des *Moody Bible Institutes*, Joe Stowell, im Hinblick auf die Lebenswende in seiner Kindheit.[9] Weil die Lebensveränderung, die aus einer Entscheidung in der Kindheit resultiert, vielleicht wenig dramatisch verlaufen ist, ist es unter Umständen schwieriger, sich viele Jahre später noch daran zu erinnern. Das ist auch völlig in Ordnung. Denken wir daran, dass die Bibel uns sagt, dass Kinder tatsächlich eine Beziehung zu Jesus eingehen *können.* Und das ist auch der felsenfeste Glaube, der diesem Buch zugrunde liegt!

Wenn Sie sich nur schemenhaft an Ihre Kindheitsentscheidung für Christus erinnern können, verwenden Sie einmal ein paar Augenblicke darauf, sich die zwei Fragen in diesem Kapitel in abgewandelter Form zu stellen. Erstens: Was würde Jesus als besonderes Kennzeichen Ihres Glaubens an ihn in den verschiedenen Zeitabschnitten Ihres Lebens anführen? Zweitens: Welche Entscheidungen treffen Sie heute aufgrund Ihres Glaubens als Jesusnachfolger? *Wann* Sie die Entscheidung getroffen haben, Jesus nachzufolgen, zählt wenig im Vergleich zu dem, wie Sie *jetzt* mit diesem Glauben umgehen.

*Weil die Lebensveränderung, die aus einer Entscheidung in der Kindheit resultiert, vielleicht wenig dramatisch verlaufen ist, ist es unter Umständen schwieriger, sich viele Jahre später noch daran zu erinnern.*

Und schließlich wollen wir uns noch einer letzten Herausforderung stellen, die manchmal zu Verwirrungen führt. Manche Leute interpretieren Gottes Anstöße zu Beginn falsch. Einige nehmen es als Hinweis, dass sie sich noch entschiedener darum bemühen müssen, ein guter Mensch zu sein – der nicht lügt, betrügt, stiehlt, flucht –, und sie sind in ihrem Leben nur frustriert, dass sie versagen. Oder sie machen sich vielleicht weis, dass das Gute, das sie tun, das Böse überwiegt, und hoffen, dass Gott weiß, wie er sich den Durchschnitt daraus errechnen kann. Andere wiederum glauben, Gott möchte, dass sie auf einer göttlichen Leistungskurve gut abschneiden – dass sie einfach nur mehr Punkte erreichen müssten als die meisten anderen. Wiederum andere meinen, dass sie der Einladung Gottes gefolgt seien, wenn sie sich den Wünschen eines Ehemanns, Elternteils oder Freundes fügten, ihr Leben in Ordnung zu bringen. C. S. Lewis sagte einmal:

*„Wir dürfen uns nicht der falschen Annahme hingeben, dass wir, selbst wenn es uns gelänge, jeden zu einem netten Menschen zu machen, deren Seelen gerettet hätten. Eine Welt voller netter Menschen – selbstzufrieden mit ihrer eigenen Nettigkeit, die nicht weiter blickt und abgewandt von Gott lebt – wäre genauso hoffnungslos auf die Rettung angewiesen wie eine elende Welt – und wäre vielleicht sogar noch schwieriger zu retten.“*[10]

Wiederum andere glauben, dass Gott sie dazu berufe, eine Unzahl von Regeln, Lehrsätzen und Dogmen zu befolgen, die religiöse Institutionen von ihnen erwarten – oder möglicherweise fordern. Dieser Glaube – dem viel zu viele Menschen anhängen – schafft eine geistliche Geschäftigkeit, die leider viele Personen von Gott wegtreibt.

Diese Fehlinterpretationen – wirklich ein guter Mensch zu sein, relativ gut zu sein, denen zu Gefallen zu leben, die einen beobachten, oder sich selbst in ein strenges Religionskorsett zu schnüren – gehen am Ziel vorbei, weil sie auf das Urteil anderer Menschen schielen. Kompliziert wird es immer dann, wenn wir uns in Bezug darauf, wie wir leben sollten, an menschlichen Erwartungen orientieren, denn wir können diesen Maßstäben nie entsprechen. Gott hält einen einfacheren Plan bereit.

Gott möchte, dass Sie und ich direkt mit ihm auf einer *persönlichen* Ebene in Verbindung stehen – dass wir eine Beziehung zu ihm haben, die nicht der Einmischung von irgendjemand anderem bedarf. Die Wünsche, Ansprüche und Anweisungen anderer sind überflüssig. Was wichtig ist, ist, dass Sie und ich ehrlich sagen können: „Ich bin Christ, weil ich in einer Beziehung zu Christus stehe." Das ist alles, was zählt.

## *Wie komme ich zu einer wahren Beziehung mit Christus?*

Drei Jahrzehnte lang bezeichnete ich mich selbst als Christen, und das aus einer Vielzahl von Gründen – nur nicht aus dem richtigen. Meine Familie besuchte eine christliche Gemeinde und ich wurde Mitglied. Ich lebte in den Vereinigten Staaten – was an und für sich ein christliches Land ist, oder? Ich besaß sogar eine Bibel und kannte einige Geschichten daraus.

Hätte ich an einer Schulung teilgenommen, wie man Kinder zum Glauben an Christus führt, oder ein Buch darüber gelesen, hätte ich wahrscheinlich auch eine Geschichte vorbringen können, wie ich Christ geworden bin – und das ganz ohne böse Absicht, sondern aus der Verwirrung und einem mangelnden Verständnis darüber, wie eine Beziehung zu Jesus aussieht. Sicherlich wäre aber meine Geschichte von einem unbehaglichen Gefühl begleitet gewesen, denn ihr hätte die Authentizität, die Glaubwürdigkeit gefehlt. Glücklicherweise wachte ich schließlich aus dieser Selbsttäuschung auf und fand zu einer wahren Beziehung zu Jesus Christus.

Nun sind Sie am Ende dieses Kapitels angelangt. Ich

bete, dass Sie Gewissheit darüber erlangen, was Jesus über Sie sagen würde – aufgrund Ihrer Antwort auf seine Einladung. Mit diesem Glauben können Sie sich auch gelassen an Ihre Geschichte machen – ob diese Erlebnisse aus vergangenen Jahren berührt oder nur aus den letzten 20 Minuten. Gleichgültig, wann Sie die Entscheidung für Christus getroffen haben: Sie haben eine echte, authentische Geschichte, die Sie Ihren Kindern erzählen können. Sie können ihnen erzählen, wie Sie in den Besitz der wertvollsten Eintrittskarte Ihres Lebens gelangt sind.

## Kurz nachgedacht

1. Schreiben Sie einen Brief an Jesus, der auf Ihre Beziehung zu ihm eingeht und in dem Sie darüber nachdenken, welche Veränderungen diese in Ihrem Leben hervorgebracht hat. Wenn es Ihnen schwerfällt, diese Übung durchzuführen, sollten Sie sich nochmals das Kapitel durchlesen.

2. Wenn Sie beim Lesen dieses Kapitels die Entscheidung getroffen haben, Jesu Erlösungsangebot anzunehmen, nehmen Sie sich nochmals Kapitel 2 vor, und rekonstruieren Sie die Geschichte Ihrer Umkehr so, dass dieses neue, wichtige Element enthalten ist.

# *Eine abschließende Bemerkung*

Vor fünf Jahren verbrachten meine Frau und ich den Valentinstag beim Onkologen, bei dem ich auch mein erstes CT bekam. Sieben Tage zuvor hatte ein Arzt auf meinem Arm einen bösartigen Tumor diagnostiziert, der bereits in einem fortgeschrittenen Stadium war.

Ich brauche wohl nicht zu sagen, dass ich in jener Nacht so gut wie nicht geschlafen habe. Bislang undenkbare Fragen jagten mir nun durch den Kopf. Sie waren aber nicht von der Art: „Warum gerade ich?" Vielmehr kreisten meine Gedanken und Gebete um meine beiden sechs- bzw. dreijährigen Kinder. „Wenn ich nicht mehr da bin, wer wird dann Scott Basketball beibringen? Wer wird ihn ins Erwachsenenalter hineinbegleiten? Wer wird sich um Erin kümmern und ihr das Fahrradfahren beibringen? Wer wird sie eines Tages zum Traualtar begleiten?" Und doch schienen all diese Fragen banal im Vergleich zu meiner wichtigsten Sorge: „Wer wird mit ihnen über Gott und Jesus sprechen?" Ich rang bis in die Morgenstunden hinein mit Gott, bis die Erschöpfung mich in einen unruhigen Schlaf sinken ließ.

Glücklicherweise habe ich ein halbes Jahrzent meines Krebsabenteuers bereits überstanden, aber ich komme häufig auf diese wichtige Frage zurück. Und ich komme immer wieder zu derselben Antwort: „Ich." Ich glaube, dass meine schlaflose Nacht in jenem Februar – in der ich mit Fragen rang, auf die ich keine Antworten hatte – mich mit einer Entschlossenheit erfüllt hat, die mir auf meinem Weg zu guter Gesundheit (die ich heute ganz und gar genieße) die notwendige Stärke verliehen hat. Auf diesem Weg lernte ich eines: Wenn du glaubst, dass deine Tage gezählt sind, dann wirst du dich entschließen, die verbleibenden Tage so zu verbringen, dass sie zählen.

Ganz praktisch gesehen, sieht das bei mir folgendermaßen aus: Immer wenn meine Frau oder ich mit unseren Kindern ein Gespräch über den Glauben führen, gehen wir das mit dem festen Entschluss an, die Situation möglichst gut zu nutzen. Wir reden dann ganz bewusst mit Scott und Erin auf eine Weise, die sie auch verstehen können, und wenden den Ansatz an, von dem Sie auch in diesem Buch gelesen haben, und geben unser Bestes. Natürlich machen wir dabei auch unsere Fehler, aber wir glauben ganz ernsthaft, dass jedes Gespräch von Bedeutung ist.

Stellen Sie sich einen Augenblick lang die Gesichter Ihrer Kinder vor. Ich denke, dass Sie – wie jedes andere Elternteil auch – vor der gleichen Frage stehen wie ich: „Wer wird mit meinen Kindern über Gott, über Jesus reden?" Einfache Frage, oder? Legen Sie das Buch also zur Seite, machen Sie sich auf, führen Sie ein Gespräch mit Ihrem Kind und geben Sie Ihr Bestes! Denn die Antwort, die Ihre Kinder brauchen, und die Person, die Gott für diese Aufgabe vorgesehen hat, ist das letzte Wort in diesem Buch: Sie!

# *Anmerkungen und Literaturhinweise*

*Einführung*

1 George Barna: *Transforming Children into Spiritual Champions* (Ventura, Kalifornien: Regal, 2003), S. 33.

2 James Strong: *Strong's Comprehensive Concordance of the Bible*, Nr. 5043 (Iowa Falls, Iowa: World Bible Publishers), S. 70.

3 James Dobson, zitiert nach der *Focus on the Family*-Website: www.family.org (8. Juli 2004).

4 Joseph M. Stowell: *Why It's So Hard to Love Jesus* (Chicago: Moody Publishers, 2003), S. 90.

5 Billy Graham, zitiert nach der Website der *Billy Graham Evangelistic Association*: www.billygraham.org (4. August 2004).

6 C. S. Lewis: *God in the Dock* (Grand Rapids, Mich.: Eerdmans, 1970), S. 115.

7 Reggie Joiner: „Dream" (Hauptvortrag, *Promiseland*-Konferenz, *Willow Creek Association*, South Barrington, Illinois, 2005).

8 Ebd.

## *Kapitel 1*

[1] Suzette Haden Elgin: *The Gentle Art of Communicating With Kids* (Mississauga, Ontario, Kanada: John Wiley & Sons, Inc., 1996), S. 9.

[2] *Basketball Hall of Fame*: Die *Naismith Memorial Hall of Fame* (in Springfield, Massachussetts) ist die Ruhmeshalle des Basketballs. In ihr werden außergewöhnliche Spieler, Trainer, Schiedsrichter, Mannschaften und Förderer des Sports aufgenommen.
Red Auerbach, zitiert nach Dr. John C. Maxwell: „Playing Over Their Heads", in: *Leadership Wired*, 7, Nr. 4 (12.3.2004): www.injoy.com (12. März 2004).

[3] George Barna: *Transforming Children into Spiritual Champions* (Ventura, Kalifornien: Regal, 2003), S. 34.

## *Kapitel 2*

[1] Bill Hybels, zitiert nach David Staal: „Mission Possible", in: *Children's Ministry Magazine* 12, September/Oktober 2002, S. 68.

[2] Bill Hybels: „Walking across the Room" (Predigt gehalten im Gemeindegottesdienst der *Willow Creek Community Church*, South Barrington, Illinois, Januar 2004).

[3] Eugene Ehrlich und Marshall DeBruhl: *The International Thesaurus of Quotations*, 2. Ausgabe (New York: HarperCollins, 1996), S. 649.

[4] George Barna: *Transforming Children into Spiritual Champions*. A. a. O., S. 86.

## *Kapitel 3*

1 Craig Jutila: „The ‚C' of Character" (Hauptveranstaltung 1, Konferenz für zielorientierte Arbeit mit Kindern, *Saddleback Church*, Lake Forest, Kalifornien, April 2004).

## *Kapitel 4*

1 Karen L. Maudlin: „On the Family Front", in: *Christian Parenting Today* (Winter 2003), S. 54.

## *Kapitel 5*

1 Karyn Henley: *Child-Sensitive Teaching* (Cincinnati, Ohio: Standard, 1997), S. 43.

2 John T. Trent, Rick Osborne und Kurt Bruner: *Teaching Kids about God: An Age-by-Age Plan for Parents of Children from Birth to Age Twelve* (Wheaton, Illinois: Tyndale, 2003), S. 5.

3 Francis Xavier, zitiert nach Adrian Rogers: *Future for the Family*, *Love Worth Finding*-Website, www.lwf.org (27. Januar 2003).

4 Trent, Osborne und Bruner: *Teaching Kids about God.* A. a. O., S. 21.

5 Henley: *Child-Sensitive Teaching.* A. a. O., S. 37.

6 Ebd.

7 Jack W. Hayford: *Blessing Your Children: How You Can Love the Kids in Your Life* (Ventura, Kalifornien: Regal, 2002), S. 49.

8 James Dobson: *Bringing Up Boys* (Wheaton, Illinois: Tyndale, 2001), S. 248.

[9] Trent, Osborne und Bruner: *Teaching Kids about God.* A. a. O., S. 13.
[10] Michael Gurian: *The Wonder of Girls* (New York: Pocket Books, 2002), S. 157.
[11] Jose Luis Gonzales-Balado: *Mother Teresa, In My Own Words* (New York: Barnes and Noble, 1996), S. 34.

## *Kapitel 6*

[1] George Barna: „Number of Unchurched Adults Has Nearly Doubled Since 1991“, Barna Update, Barna Research Group, *www.barna.org* (24. Mai 2004).
[2] C. Donald Cole: *How to Know You're Saved* (Chicago: Moody Publishers, 1988), S. 10.
[3] Rick Warren: *Leben mit Vision. Wozu um alles in der Welt lebe ich?* (Asslar: Gerth Medien, 2003), S. 34–35.
[4] Wayne Martindale und Jerry Root: *The Quotable Lewis*, Nr. 242 (Wheaton, Illinois: Tyndale, 1989), S. 120.
[5] Shane Claiborne: „Faith for the 21st Century: Loving the Overlooked“ (*Axis*-Wochenendbotschaft, *Willow Creek Community Church*, South Barrington, Illinois, 2001).
[6] John Wooden: *Coach Wooden One-on-One* (Ventura, Kalifornien: Regal, 1996), Tag 49.
[7] Warren: *Leben mit Vision.* A. a. O., S. 118.
[8] George Barna: *Transforming Children into Spiritual Champions.* A. a. O., S. 18.
[9] Joseph M. Stowell, zitiert in einer E-Mail an den Autor vom *Moody Bible Institute*, 11. November 2004.
[10] Wayne Martindale und Jerry Root: *The Quotable Lewis.* A. a. O., Nr. 1313, 523.